OS JOVENS, A FÉ
E O DISCERNIMENTO
VOCACIONAL

SÍNODO DOS BISPOS
XV ASSEMBLEIA GERAL ORDINÁRIA

OS JOVENS, A FÉ E O DISCERNIMENTO VOCACIONAL

DOCUMENTO FINAL
CARTA AOS JOVENS

© 2018 – Libreria Editrice Vaticana

Título original: *I Giovani, la fede e il discernimento vocazionale. Documento finale.*

Direção-geral: *Flávia Reginatto*
Editora responsável: *Maria Goretti de Oliveira*

1ª edição – 2019

Nenhuma parte desta obra poderá ser reproduzida ou transmitida por qualquer forma e/ou quaisquer meios (eletrônico ou mecânico, incluindo fotocópia e gravação) ou arquivada em qualquer sistema ou banco de dados sem permissão escrita da Editora. Direitos reservados.

Paulinas

Rua Dona Inácia Uchoa, 62
04110-020 – São Paulo – SP (Brasil)
Tel.: (11) 2125-3500
http://www.paulinas.com.br – editora@paulinas.com.br
Telemarketing e SAC: 0800-7010081

© Pia Sociedade Filhas de São Paulo – São Paulo, 2019

SUMÁRIO

Introdução 7

Prefácio 11

Parte I. "Pôs-se a caminhar com eles" 13

Capítulo I. Uma Igreja à escuta 15

Capítulo II. Três pontos cruciais 25

Capítulo III. Identidade e relações 33

Capítulo IV. Ser jovem hoje 43

Parte II. "Os olhos deles se abriram" 53

Capítulo I. O dom da juventude 57

Capítulo II. O mistério da vocação 67

Capítulo III. A missão de acompanhar 77

Capítulo IV. A arte de discernir 87

Parte III. "Naquela mesma hora, voltaram" 95

Capítulo I. A sinodalidade missionária da Igreja ... 101

Capítulo II. Caminhando juntos dia a dia 109

Capítulo III. Um renovado impulso missionário 121

Capítulo IV. Formação integral 131

Conclusão 139

INTRODUÇÃO

O evento sinodal que vivemos

1. "Derramarei o meu Espírito sobre toda a criatura; os vossos filhos e as vossas filhas hão de profetizar; os vossos jovens terão visões, e os vossos velhos terão sonhos" (At 2,17; cf. Jl 3,1). Foi a experiência que fizemos neste Sínodo,[1] caminhando juntos e colocando-nos à escuta da voz do Espírito. Ele surpreendeu-nos com a riqueza dos seus dons, cumulou-nos da sua coragem e da sua força para levar a esperança ao mundo.

Caminhamos juntos, com o sucessor de Pedro, que nos confirmou na fé e nos fortaleceu no entusiasmo da missão. Não obstante tenhamos vindo de contextos muito diferentes do ponto de vista cultural e eclesial, sentimos desde o início uma harmonia espiritual, um desejo de diálogo e uma verdadeira empatia. Trabalhamos juntos, compartilhando aquilo que era mais importante para nós, comunicando as nossas preocupações, sem esconder as nossas dificuldades. Muitas intervenções geraram em nós emoção e compaixão evangélica: sentimo-nos um único corpo que sofre e se alegra. Queremos partilhar com todos a experiência de graça que vivemos e transmitir a alegria do Evangelho às nossas Igrejas e ao mundo inteiro.

---

[1] Neste documento, o termo "Sínodo" refere-se a todo o processo sinodal em andamento, como também à Assembleia Global realizada de 3 a 28 de outubro de 2018.

A presença dos jovens representou uma novidade: por meio deles, no Sínodo ressoou a voz de uma geração inteira. Caminhando com eles, peregrinos ao túmulo de Pedro, experimentamos como a proximidade cria as condições para que a Igreja seja espaço de diálogo e testemunho de fraternidade que fascina. A força dessa experiência supera qualquer dificuldade e fraqueza. O Senhor continua a repetir-nos: Não temais, eu estou convosco!

O processo de preparação

2. Recebemos grandes benefícios das contribuições dos Episcopados e da colaboração de pastores, religiosos, leigos, especialistas, educadores e muitos outros. Desde o início, os jovens foram envolvidos no processo sinodal: o Questionário *on-line*, as numerosas contribuições pessoais e, sobretudo, a *Reunião pré-sinodal* são sinal eloquente disso. A sua colaboração foi essencial, como na narrativa dos pães e dos peixes: Jesus conseguiu fazer o milagre graças à disponibilidade de um jovem, que ofereceu com generosidade aquilo de que dispunha (cf. Jo 6,8-11).

Todas as contribuições foram resumidas no *Instrumentum laboris*, que constituiu a sólida base do debate durante as semanas da Assembleia. Agora, o *Documento final* reúne o resultado desse processo, orientando-o para o futuro: expressa aquilo que os Padres sinodais reconheceram, interpretaram e decidiram à luz da Palavra de Deus.

O Documento final da Assembleia Sinodal

3. É importante elucidar a relação entre o *Instrumentum laboris* e o *Documento final*. O primeiro é o quadro de referência unificado e sintético, resultado de dois anos de escuta; o segundo é o fruto do discernimento realizado e reúne os núcleos temáticos geradores, sobre os quais os Padres sinodais se concentraram com particular intensidade e entusiasmo. Portanto, reconhecemos a diversidade e a complementaridade desses dois textos.

Este *Documento* é oferecido ao Santo Padre (cf. FRANCISCO, *Episcopalis communio*, n. 18; *Instrução*, art. 35 § 5) e também à Igreja inteira como fruto deste Sínodo. Dado que o percurso sinodal ainda não está finalizado, prevendo-se uma fase de aplicação (cf. *Episcopalis communio*, nn. 19-21), o *Documento final* será um roteiro para orientar os próximos passos que a Igreja é chamada a dar.

PREFÁCIO

Jesus caminha com os discípulos de Emaús

4. Reconhecemos, no episódio dos discípulos de Emaús (cf. Lc 24,13-35), um texto paradigmático para compreender a missão eclesial relativamente às jovens gerações. Essa passagem expressa bem aquilo que experimentamos no Sínodo e o que gostaríamos que cada uma das nossas Igrejas particulares pudesse viver na sua relação com os jovens. Jesus caminha com os dois discípulos que, sem entenderem o significado do que viveram, estão se afastando de Jerusalém e da comunidade. Para estar em sua companhia, percorre o caminho com eles. Interroga-os e escuta com paciência a sua versão dos acontecimentos, para os ajudar a *reconhecer* aquilo que estão vivenciando. Depois, com carinho e força, anuncia-lhes a Palavra, levando-os a *interpretar* à luz das Escrituras os eventos que viveram. Aceita o convite para ficar com eles ao anoitecer: entra na noite deles. Ao escutá-lo, os seus corações abrasam-se e as suas mentes iluminam-se; na fração do pão, abrem-se os seus olhos. São eles mesmos que *decidem* retomar sem demora o caminho na direção oposta, para regressar à comunidade e compartilhar a experiência do encontro com o Ressuscitado.

Em continuidade com o *Instrumentum laboris*, o *Documento final* divide-se em três partes, marcadas por este episódio. A primeira intitula-se "Pôs-se a caminhar com eles" (Lc 24,15) e procura esclarecer aquilo que os Padres sinodais *reconheceram* do contexto em que os jovens estão inseridos, evidenciando suas forças e desafios. A segunda, "Os olhos deles se abriram" (Lc 24,31), é *interpretativa*, fornecendo algumas interpretações fundamentais do tema sinodal. E a terceira, intitulada "Naquela mesma hora, voltaram" (Lc 24,33), contém as *decisões* para uma conversão espiritual, pastoral e missionária.

Parte I

"PÔS-SE A CAMINHAR COM ELES"

5. "Nesse mesmo dia, dois dos discípulos iam a caminho de uma aldeia chamada Emaús, que ficava a cerca de onze quilômetros de Jerusalém; e conversavam entre si sobre tudo o que acontecera. Enquanto conversavam e discutiam, aproximou-se deles o próprio Jesus e pôs-se a caminhar com eles" (Lc 24,13-15).

Nesse trecho, o evangelista mostra a necessidade que os dois viajantes tinham de procurar um sentido para os acontecimentos que vivenciaram. Ressalta-se a atitude de Jesus, que se põe a caminho com eles. O Cristo Ressuscitado deseja percorrer o caminho com cada jovem, acolhendo as suas expectativas, mesmo que frustradas, e as suas esperanças, ainda que inadequadas. Jesus caminha, escuta, compartilha.

CAPÍTULO I

UMA IGREJA À ESCUTA

Ouvir e ver com empatia

O valor da escuta

6. A escuta é um encontro de liberdades, que exige humildade, paciência, disponibilidade para compreender, compromisso de elaborar respostas de maneira nova. A escuta transforma o coração daqueles que a vivem, principalmente quando se colocam em atitude interior de harmonia e docilidade ao Espírito. Por conseguinte, não é somente uma coleta de informações, nem uma estratégia para alcançar um objetivo, mas representa a forma como o próprio Deus se relaciona com o seu povo. Com efeito, Deus vê a miséria do seu povo e escuta seu lamento, deixa-se tocar intimamente e desce para libertá-lo (Ex 3,7-8). Portanto, por meio da escuta, a Igreja entra no movimento de Deus que, no Filho, vem ao encontro de cada ser humano.

Os jovens desejam ser ouvidos

7. Os jovens são convidados continuamente a realizar escolhas que norteiam a sua existência; expressam o desejo de serem ouvidos, reconhecidos, acompanhados. Muitos sentem por experiência que a sua voz não é considerada interessante nem útil no âmbito social e eclesial. Em vários contextos, verifica-se pouca atenção ao seu clamor, de maneira particular ao daqueles que são mais pobres e explorados, e também a falta de adultos disponíveis e capazes de ouvir.

A escuta na Igreja

8. Na Igreja, não faltam iniciativas e experiências consolidadas, por meio das quais os jovens podem vivenciar o acolhimento e a escuta, fazendo ouvir a sua voz. O Sínodo reconhece que nem sempre a comunidade eclesial sabe tornar evidente a atitude que o Ressuscitado teve em relação aos discípulos de Emaús, quando, antes de os iluminar com a Palavra, lhes perguntou: "O que andais conversando pelo caminho?" (Lc 24,17). Às vezes predomina a tendência a oferecer respostas preconcebidas e receitas prontas, sem deixar sobressair as perguntas juvenis na sua novidade nem entender a sua provocação.

A escuta torna possível um intercâmbio de dons, em um contexto de empatia. Permite que os jovens ofereçam a sua contribuição para a comunidade, ajudando-a a reconhecer novas sensibilidades e a formular perguntas inéditas. Ao mesmo tempo, oferece condições para um anúncio do Evangelho que alcance verdadeiramente, de modo incisivo e fecundo, o coração.

A escuta dos pastores e de leigos qualificados

9. A escuta constitui um momento qualificador do ministério dos pastores, a começar pelos bispos, que, muitas vezes, estão sobrecarregados de compromissos e têm dificuldade de encontrar tempo adequado para esse serviço indispensável. Muitos relataram a ausência de pessoas especializadas e dedicadas ao acompanhamento. Acreditar no valor teológico e pastoral da escuta pressupõe uma reflexão para renovar as formas com que se expressa, habitualmente, o ministério presbiteral e uma avaliação das suas prioridades. Além disso, o Sínodo reconhece a necessidade de preparar consagrados e leigos, homens e mulheres, qualificados para o acompanhamento dos jovens. O carisma da escuta, que o Espírito Santo faz nascer nas comunidades, poderia receber também uma forma de reconhecimento institucional para o serviço eclesial.

As diversidades de contextos e culturas

Um mundo plural

10. A própria composição do Sínodo tornou visíveis a presença e a contribuição das várias regiões do mundo, salientando a beleza de ser Igreja universal. Embora em um contexto de globalização crescente, os Padres sinodais pediram para colocar em evidência as numerosas diferenças de contextos e culturas, inclusive dentro de um mesmo país. Existe uma pluralidade de mundos juvenis, a tal ponto que, em determinados países, se tende a recorrer ao termo "juventude" no plural. Além disso, a faixa etária considerada pelo presente Sínodo (16 a 29 anos) não representa um conjunto homogêneo, mas é composta por grupos que vivem situações peculiares.

Todas estas diferenças têm um profundo impacto sobre a experiência concreta que os jovens vivenciam: dizem respeito às várias fases da idade evolutiva, às formas da experiência religiosa, à estrutura da família e à sua importância na transmissão da fé, às relações intergeracionais – como, por exemplo, o papel dos idosos e o respeito que lhes é devido –, às modalidades de participação na vida social, à atitude em relação ao futuro, à questão ecumênica e inter-religiosa. O Sínodo reconhece e acolhe a riqueza da diversidade cultural, colocando-se a serviço da comunhão do Espírito.

Mudanças em curso

11. De particular pertinência é a diferença relativa às dinâmicas demográficas entre os países com alta taxa de natalidade, onde os jovens representam uma parcela significativa e crescente da população, e os países nos quais essa parcela está em declínio. Outra diferença deriva da história, que diversifica os países e os continentes de antiga tradição cristã, cuja cultura é portadora de uma memória que não se pode perder, dos países e continentes marcados, ao contrário, por outras tradições religiosas e onde o cristianismo constitui uma presença minoritária e, às vezes, recente. Porém, em outros territórios, as comunidades cristãs e os jovens que fazem parte delas são alvo de perseguição.

Exclusão e marginalização

12. Além disso, entre os países e no interior de cada um deles, existem diferenças relevantes determinadas pela estrutura social e pelos recursos econômicos à disposição, que separam, por vezes de modo nítido, quantos têm acesso a uma quantidade crescente de oportunidades oferecidas pela globalização, daqueles que, ao contrário, vivem à margem da sociedade ou no mundo rural e sofrem os efeitos de certas formas de exclusão e descarte. Várias intervenções indicaram a necessidade de que a Igreja posicione-se, corajosamente, ao lado destes últimos e participe na criação de alternativas que eliminem a exclusão e a marginalização, intensificando o acolhimento, o acompanhamento e a integração. Para isso, é necessário ter consciência da indiferença que marca a vida também de muitos cristãos, para superá-la com o aprofundamento da dimensão social da fé.

Homens e mulheres

13. Não se pode esquecer a diferença entre homens e mulheres, com os seus dons peculiares, com as suas específicas sensibilidades e experiências do mundo. Esta diferença pode ser um âmbito onde surgem formas de domínio, exclusão e discriminação, das quais todas as sociedades e a própria Igreja precisam se libertar.

A Bíblia, por um lado, apresenta o homem e a mulher como companheiros iguais diante de Deus (cf. Gn 5,2): todas as formas de dominação e discriminação que se fundamentam sobre o sexo ofendem a dignidade humana. Por outro, apresenta a diferença entre os sexos como um mistério tão constitutivo do ser humano, que não se pode reduzir a estereótipos. Além disso, o relacionamento entre o homem e a mulher é compreendido em termos de uma vocação que deve ser vivida em conjunto, na reciprocidade e no diálogo, na comunhão e na fecundidade (Gn 1,27-29; 2,21-25), em todos os âmbitos da experiência humana: vida de casal, trabalho, educação e outros ainda. À sua aliança, Deus confiou a terra.

A colonização cultural

14. Muitos Padres sinodais provenientes de contextos não ocidentais recordaram que, nos seus países, a globalização acarreta autênticas formas de colonização cultural, que desenraízam os jovens das origens culturais e religiosas de onde provêm. É necessário um esforço da Igreja para os acompanhar nessa passagem, a fim de não perderem os traços mais preciosos da sua identidade.

Quanto ao processo de secularização, há diferentes interpretações. Enquanto alguns o vivem como preciosa oportunidade para se purificar de uma religiosidade rotineira, ou fundamentada em identidades étnicas e nacionais, para outros ele representa um obstáculo na transmissão da fé. Também, assistimos, nas sociedades secularizadas, a uma redescoberta de Deus e da espiritualidade; e isto constitui um incentivo para a Igreja recuperar a importância dos dinamismos próprios da fé, do anúncio e do acompanhamento pastoral.

Um primeiro olhar à Igreja de hoje

O compromisso educacional da Igreja

15. Não são poucas as regiões onde os jovens sentem a Igreja como uma presença viva e envolvente, que é significativa também para os seus contemporâneos não crentes, ou de outras religiões. As instituições educacionais da Igreja procuram acolher todos os jovens, independentemente das suas opções religiosas, antecedentes culturais e condições pessoais, familiares ou sociais. Deste modo, a Igreja oferece uma contribuição fundamental para a educação integral dos jovens nas mais diversas partes do mundo. Isso acontece no âmbito educacional de instituições de todos os níveis, em centros de formação profissional, nos colégios e nas universidades, como também nos centros juvenis e nos oratórios; o referido empenho realiza-se também através do acolhimento de refugiados e desabrigados, bem como do diversificado esforço no campo social. Em todas estas presenças, ao trabalho educativo e à promoção humana a Igreja une o testemunho e o anúncio do Evangelho. Quando se inspira no diálogo intercultural e inter-religioso, a ação educacional da Igreja é apreciada até pelos não cristãos, como forma de autêntica promoção humana.

As atividades das pastorais da juventude

16. No caminho sinodal, sentiu-se a necessidade de qualificar vocacionalmente a pastoral dos jovens, considerando todos os jovens como destinatários da pastoral vocacional. Ao mesmo tempo realçou-se também a necessidade de desenvolver processos pastorais completos, que acompanhem desde a infância até a vida adulta, inserindo na comunidade cristã. Constatou-se igualmente que vários grupos paroquiais, movimentos e associações de jovens realizam um processo efetivo de acompanhamento e formação dos jovens na sua vida de fé.

A Jornada Mundial da Juventude – que nasceu de uma intuição profética de São João Paulo II e permanece um ponto de referência inclusive para os jovens do terceiro milênio – e os encontros nacionais e diocesanos desempenham um papel importante na vida de numerosos jovens, porque proporcionam uma experiência viva de fé e de comunhão, que os ajuda a enfrentar os grandes desafios da vida e a assumir responsavelmente o seu lugar na sociedade e na comunidade eclesial. Assim, essas participações podem remeter para o acompanhamento pastoral ordinário das várias comunidades, onde o acolhimento do Evangelho deve ser aprofundado e traduzido em escolhas de vida.

O peso da gestão administrativa

17. Muitos Padres observaram que o peso das tarefas administrativas absorve, de modo exagerado e às vezes sufocante, as energias de numerosos pastores; isto constitui um dos motivos que dificultam o encontro com os jovens e o seu acompanhamento. Para tornar mais evidente a prioridade dos compromissos pastorais e espirituais, os Padres sinodais insistem na necessidade de repensar as modalidades concretas do exercício do ministério.

A situação das paróquias

18. Embora permaneça a primeira e principal forma de ser Igreja no território, várias vozes destacaram a dificuldade que sente a paróquia em constituir um lugar relevante para os jovens, tornando-se necessário repensar a sua vocação missionária. A sua pouca importância nos espaços urbanos, a falta de dinamismo das propostas, juntamente com as mudanças espaçotemporais nos estilos de vida exigem uma renovação. Não obstante as várias tentativas de inovação, amiúde o rio da vida juvenil corre à margem da comunidade, sem a encontrar.

A iniciação à vida cristã

19. Muitos observam que os percursos da iniciação cristã nem sempre conseguem introduzir crianças, adolescentes e jovens na beleza da experiência da fé. Quando a comunidade se constitui como lugar de comunhão e como verdadeira família dos filhos de Deus, ela expressa uma força geradora que transmite a fé; ao contrário, onde ela cede à lógica da delegação e quando predomina a organização burocrática, a iniciação cristã é erroneamente entendida como um curso de instrução religiosa que em geral termina com o sacramento da Confirmação. Por conseguinte, é urgente repensar profundamente a abordagem da catequese e a relação entre transmissão familiar e comunitária da fé, valorizando os processos de acompanhamento pessoais.

A formação de seminaristas e consagrados

20. Os seminários e as casas de formação são lugares de grande importância, onde os jovens chamados ao sacerdócio e à vida consagrada aprofundam a sua escolha vocacional e amadurecem no seguimento. Por vezes estes ambientes não têm na devida conta as experiências precedentes dos candidatos, subestimando a sua importância. Isto bloqueia o crescimento da pessoa e cria o risco de induzir mais à adoção de atitudes formais do que ao incremento dos dons de Deus e à conversão profunda do coração.

Capítulo II

TRÊS PONTOS CRUCIAIS

As novidades do ambiente digital

Uma realidade difusa

21. O ambiente digital caracteriza o mundo contemporâneo. Grandes parcelas da humanidade estão mergulhadas nele de maneira cotidiana e contínua. Não se trata apenas de "usar" meios de comunicação, mas de viver em uma cultura amplamente digitalizada, que tem impactos extremamente profundos sobre a noção de tempo e de espaço, sobre a percepção de si, do próximo e do mundo, sobre a maneira de comunicar, aprender, obter informações, entrar em relação com os outros. Uma abordagem da realidade que tende a privilegiar a imagem em vez da escuta e da leitura influencia o modo de aprender e o desenvolvimento do senso crítico. Já se tornou evidente que "o ambiente digital não é um mundo paralelo nem puramente virtual, mas faz parte da realidade cotidiana de muitas pessoas, especialmente dos mais jovens" (Bento XVI, *Mensagem para o XLVII Dia Mundial das Comunicações Sociais, n. 3*).

A rede de oportunidades

22. A *web* e as *redes sociais* constituem ambientes onde os jovens passam muito tempo e se encontram facilmente,

embora nem todos tenham igual acesso às mesmas, de modo particular em determinadas regiões do mundo. Contudo, elas constituem uma extraordinária oportunidade de diálogo, encontro e intercâmbio entre as pessoas, bem como de acesso à informação e ao conhecimento. Além disso, o ambiente digital é um contexto de participação sociopolítica e de cidadania ativa, e pode facilitar a circulação de informações independentes, capazes de proteger eficazmente as pessoas mais vulneráveis, revelando as violações dos seus direitos. Em muitos países, a *web* e as *redes sociais* já constituem um lugar indispensável para alcançar e envolver os jovens nas próprias iniciativas e atividades pastorais.

O lado obscuro da rede

23. O ambiente digital é também um território de solidão, manipulação, exploração e violência, até o caso extremo da *dark web.* A mídia digital pode expor ao risco de dependência, isolamento e perda progressiva de contato com a realidade concreta, dificultando o desenvolvimento de relações interpessoais autênticas. Novas formas de violência propagam-se através das mídias sociais, por exemplo o *cyberbullying*; de igual modo, a *web* constitui um canal de divulgação da pornografia e de exploração das pessoas para fins sexuais ou através dos jogos de azar.

24. Por fim, no mundo digital existem gigantescos interesses econômicos, capazes de criar formas de controle que são tão sutis quanto invasivas, criando mecanismos de manipulação das consciências e do processo democrático. Frequentemente, o funcionamento de muitas plataformas acaba por favorecer o encontro entre pessoas que pensam do mesmo modo, obstruindo o confronto entre as diferenças. Estes circuitos fechados facilitam a divulgação de informações e notícias falsas, fomentando preconceitos e ódio. A proliferação das *fake news* é expressão de uma cultura que perdeu o sentido da verdade e adapta a realidade a interesses particulares. A reputação das pessoas é comprometida através de processos sumários *on-line*. O fenômeno diz respeito também à Igreja e aos seus pastores.

Migrantes como paradigma do nosso tempo

Um fenômeno pluriforme

25. No âmbito mundial, os fenômenos migratórios representam um fenômeno estrutural, e não uma emergência transitória. As migrações podem verificar-se no interior do próprio país, ou entre diferentes países. A preocupação da Igreja visa, de modo particular, àqueles que fogem da guerra, da violência, da perseguição política ou religiosa, dos desastres naturais devidos também às mudanças climáticas e da pobreza extrema: muitos deles são jovens. Em geral, partem em busca de oportunidades para si mesmos e para a sua família. Sonham com um futuro melhor e desejam criar as condições para que isto se realize.

Muitos Padres sinodais ressaltaram que os migrantes são um "paradigma" capaz de iluminar o nosso tempo e, de forma especial, a situação da juventude, recordando-nos a condição originária da fé, ou seja, que somos "estrangeiros e peregrinos na terra" (Hb 11,13).

Violência e vulnerabilidade

26. Outros migrantes partem atraídos pela cultura ocidental, às vezes alimentando expectativas irreais, que os expõem a grandes desilusões. Traficantes sem escrúpulos, não raro ligados aos cartéis das drogas e das armas, exploram a fragilidade dos migrantes, que, ao longo do seu percurso, muitas vezes encontram a violência, o tráfico de seres humanos, o abuso psicológico e mesmo físico, e sofrimentos indescritíveis. É preciso destacar a particular vulnerabilidade dos migrantes menores não acompanhados e a situação de quantos são forçados a passar longos anos nos campos de refugiados ou que permanecem presos por muito tempo nos países de trânsito, sem poder dar continuidade aos seus estudos, nem expressar os seus talentos. Em certos países de chegada, os fenômenos migratórios suscitam alardes e temores, muitas vezes fomentados e explorados para fins políticos. Propaga-se, assim, uma mentalidade xenófoba, de fechamento e retraimento em si mesmos, à qual é necessário reagir com determinação.

Histórias de separação e de encontro

27. Os jovens que migram experimentam a separação do próprio contexto de origem e, muitas vezes, também um desenraizamento cultural e religioso. Esta ruptura afeta também as comunidades de origem, que perdem os seus elementos mais vigorosos e empreendedores, e as famílias, de forma particular quando migra um ou ambos os progenitores, deixando os filhos no país de origem. A Igreja desempenha um papel importante como referência para os jovens destas famílias divididas. Mas as histórias dos migrantes são feitas também de encontro entre pessoas e entre culturas: para as comunidades e as sociedades de chegada são uma oportunidade de enriquecimento e desenvolvimento humano integral de todos. Deste ponto de vista, as iniciativas de acolhimento, que têm como ponto de referência a Igreja, desempenham um papel importante, podendo revitalizar as comunidades capazes de as pôr em prática.

O papel profético da Igreja

28. Graças à variada proveniência dos Padres, o Sínodo permitiu o encontro de muitas perspectivas relativamente ao tema dos migrantes, de maneira especial entre países de partida e países de chegada. Além disso, ressoou o grito das Igrejas cujos membros são obrigados a fugir da guerra e da perseguição e que veem, nestas migrações forçadas, uma ameaça para a sua existência. O próprio fato de englobar no seu interior todas estas diferentes perspectivas coloca a Igreja em condições de exercer, em relação à sociedade, um papel profético sobre o tema das migrações.

Reconhecer e reagir a qualquer tipo de abuso

Fazer a verdade e pedir perdão

29. Os vários tipos de abuso cometidos por alguns bispos, sacerdotes, religiosos e leigos provocam nas suas vítimas, incluindo numerosos jovens, sofrimentos que podem durar a vida inteira e aos quais nenhum arrependimento é capaz de remediar. Este fenômeno propagou-se na sociedade, atinge também a Igreja e representa um sério obstáculo para a sua missão. O Sínodo reitera o firme empenho na adoção de rigorosas medidas de prevenção que impeçam a sua reincidência, começando pela criteriosa seleção e formação das pessoas às quais serão confiadas responsabilidades e tarefas educacionais.

Ir à raiz

30. Existem vários tipos de abuso: abusos de poder, econômicos, de consciência, sexuais. Torna-se evidente a tarefa de erradicar as formas de exercício da autoridade nas quais estão inseridos esses abusos e de combater a falta de responsabilidade e transparência com que muitos casos foram tratados. O desejo de dominação, a falta de diálogo e de transparência, as formas de vida dupla, o vazio espiritual, assim como as fragilidades psicológicas constituem o terreno onde prospera a corrupção. Nomeadamente, o clericalismo "nasce de uma visão elitista e excludente da vocação, que interpreta o ministério recebido mais como um poder a ser exercido do que como um serviço gratuito e generoso a oferecer; e isto leva a julgar que se pertence a um grupo que possui todas as respostas e já não precisa escutar e aprender mais nada" (FRANCISCO, *Discurso na primeira Congregação Geral da XV Assembleia Geral Ordinária do Sínodo dos Bispos*, 3/10/2018).

Gratidão e encorajamento

31. O Sínodo expressa gratidão a quantos têm a coragem de denunciar o mal sofrido: eles ajudam a Igreja a tomar consciência do que acontece e da necessidade de reagir com determinação. Aprecia e encoraja também o compromisso sincero de incontáveis leigas e leigos, sacerdotes, consagrados, consagradas e bispos que se prodigalizam todos os dias, com honestidade e dedicação, a serviço dos jovens. O seu trabalho é como uma floresta que cresce sem fazer barulho. Também muitos dos jovens presentes no Sínodo manifestaram gratidão a quantos os têm acompanhado, reiterando a grande necessidade de figuras de referência.

O Senhor Jesus, que nunca abandona a sua Igreja, dá-lhe a força e os instrumentos necessários para um caminho novo. Confirmando a linha das tempestivas "medidas e sanções tão necessárias" (FRANCISCO, *Carta ao Povo de Deus*, 20/8/2018, n. 2) e ciente de que a misericórdia exige a justiça, o Sínodo reconhece que enfrentar a questão dos abusos em todos os seus aspectos, inclusive com a ajuda preciosa dos jovens, pode ser verdadeiramente uma oportunidade para uma reforma de alcance histórico.

Capítulo III

IDENTIDADE E RELAÇÕES

Família e relações intergeracionais

Família, ponto de referência privilegiado

32. A família continua a ser o principal ponto de referência para os jovens. Os filhos apreciam o amor e os cuidados recebidos dos pais, fazem questão dos laços familiares e esperam conseguir, por sua vez, formar uma família. Indubitavelmente, o aumento de separações, divórcios, segundas uniões e famílias monoparentais pode causar grandes sofrimentos e crises de identidade nos jovens. Às vezes são obrigados a assumir responsabilidades que não são proporcionais à sua idade, sendo forçados a tornar-se adultos antes do tempo. Frequentemente, os avós prestam uma contribuição determinante no afeto e na educação religiosa: com a sua sabedoria, são um elo decisivo na relação entre as gerações.

A importância da maternidade e da paternidade

33. Mães e pais desempenham papéis distintos, mas igualmente importantes, como pontos de referência na formação dos filhos e na transmissão da fé. A figura materna continua exercendo uma função que os jovens consideram essencial para o seu crescimento, embora ela não seja suficientemente reconhecida dos pontos de vista cultural, político e profissional. Muitos pais cumprem com dedicação o papel que lhes é próprio, mas não podemos ignorar que, em determinados contextos, a figura paterna se mostra ausente ou superficial e, em outros, opressiva ou autoritária. Estas ambiguidades refletem-se também no exercício da paternidade espiritual.

As relações entre gerações

34. O Sínodo reconhece a dedicação de muitos pais e educadores que se esforçam profundamente por assegurar a transmissão dos valores, não obstante as dificuldades do contexto cultural. Em várias regiões, o papel dos idosos e a reverência pelos antepassados constituem um eixo da educação e contribuem vigorosamente para a formação da identidade pessoal. Também a família alargada – que, em determinadas culturas, é a família em sentido próprio – desempenha um papel importante. Mas alguns jovens sentem as tradições familiares como opressivas e abandonam-nas sob a pressão de uma cultura globalizada que, às vezes, os deixa sem pontos de referência. Entretanto, em outras regiões do mundo, entre jovens e adultos não existe um conflito geracional propriamente dito, mas sim uma recíproca estranheza. Às vezes os adultos não procuram ou não conseguem transmitir os valores fundamentais da existência, ou então assumem estilos tipicamente juvenis, invertendo a relação entre as gerações. Deste modo, a relação entre jovens e adultos corre o risco de se deter no plano afetivo, sem tocar as dimensões educativa e cultural.

Jovens e raízes culturais

35. Os jovens estão orientados para o futuro e enfrentam a vida com energia e dinamismo. Mas sentem-se tentados também a concentrar-se na fruição do presente, tendendo por vezes a prestar pouca atenção à memória do passado de onde provêm e, de modo particular, dos numerosos dons que lhes foram transmitidos pelos pais, pelos avós e pela bagagem cultural da sociedade em que vivem. Ajudar os jovens a descobrir a riqueza viva do passado, conservando-a na memória e servindo-se dela para as suas escolhas e possibilidades, constitui um gesto de amor autêntico para com eles, visando ao seu crescimento e às opções que são chamados a realizar.

Amizade e relação com outros jovens

36. Ao lado das relações intergeracionais, não se podem esquecer as relações entre coetâneos, que constituem uma experiência fundamental de interação e progressiva emancipação do contexto da origem familiar. A amizade e o intercâmbio, frequentemente mesmo em grupos mais ou menos estruturados, possibilitam reforçar competências sociais e relacionais em um contexto onde não se sentem avaliados nem julgados. A experiência de grupo constitui também um grande recurso para a partilha da fé e a ajuda recíproca no testemunho. Os jovens são capazes de guiar outros jovens, vivendo um verdadeiro apostolado no meio dos seus amigos.

Corpo e afetividade

Mudanças em ação

37. Os jovens reconhecem que o corpo e a sexualidade têm uma importância essencial para a sua vida, concretamente no percurso de crescimento da sua identidade, pois são imprescindíveis para viver a amizade e a afetividade. Todavia, no mundo atual, deparamo-nos com fenômenos em rápida evolução a seu respeito. Antes de tudo, os avanços da ciência e das tecnologias biomédicas influenciam fortemente a percepção do corpo, induzindo a pensar que ele pode ser modificado sem limites. A capacidade de intervir no DNA, a possibilidade de inserir elementos artificiais no organismo (*cyborg*) e o desenvolvimento das neurociências constituem um grande recurso, mas ao mesmo tempo levantam questões antropológicas e éticas. Uma aceitação acrítica da abordagem tecnocrática do corpo debilita a consciência da vida como dom e o significado do limite da criatura, que pode extraviar-se ou ser instrumentalizada pelos dinamismos da economia e da política (FRANCISCO, *Laudato si'*, n. 106).

Além disso, em determinados contextos juvenis, propaga-se o fascínio por comportamentos de risco como instrumento para explorar a si mesmo, procurar emoções fortes e obter o reconhecimento. Juntamente com a persistência de fenômenos antigos, como a sexualidade precoce, a promiscuidade, o turismo sexual, o culto exagerado da aparência física, hoje se constatam a difusão generalizada da pornografia digital e a exibição do próprio corpo *on-line*.

Estes fenômenos, a que estão expostas as novas gerações, constituem um obstáculo para o amadurecimento sereno. Indicam dinâmicas sociais inéditas, que influenciam as experiências e as decisões pessoais, tornando-as terreno de uma espécie de colonização ideológica.

A recepção dos ensinamentos morais da Igreja

38. É neste contexto que as famílias cristãs e as comunidades eclesiais procuram levar os jovens a descobrir a sexualidade como um grande dom mantido pelo Mistério, para viverem as relações de acordo com a lógica do Evangelho. Mas nem sempre conseguem traduzir este desejo em uma educação afetiva e sexual adequada, que não se limite a intervenções esporádicas e ocasionais. Onde esta educação foi realmente adotada como uma opção propositiva, notam-se resultados positivos que ajudam os jovens a compreender a relação entre a adesão à fé em Jesus Cristo e o modo de viver a afetividade e os relacionamentos interpessoais. Tais resultados exigem e encorajam um maior investimento de energias eclesiais neste campo.

As perguntas dos jovens

39. A Igreja tem uma rica tradição sobre a qual construir e a partir da qual propor o seu ensinamento a respeito desta matéria: por exemplo, o *Catecismo da Igreja Católica*, a teologia do corpo desenvolvida por São João Paulo II, a Encíclica *Deus caritas est* de Bento XVI e a Exortação Apostólica *Amoris laetitia* de Francisco. Todavia os jovens, inclusive aqueles que conhecem e vivem este ensinamento, manifestam o desejo de receber da Igreja uma palavra clara, humana e empática. Com efeito, a moral sexual é frequentemente causa de incompreensão e afastamento da Igreja, uma vez que é sentida como um espaço de julgamento e de condenação. Perante as mudanças sociais nas formas de viver a afetividade e a multiplicidade das perspectivas éticas, os jovens mostram-se sensíveis ao valor da autenticidade e da dedicação, mas muitas vezes sentem-se desorientados. Concretamente, manifestam um desejo explícito de diálogo sobre as questões relativas à diferença entre identidade masculina e feminina, à reciprocidade entre homens e mulheres, à homossexualidade.

Formas de vulnerabilidade

O mundo do trabalho

40. O mundo do trabalho continua a ser um âmbito em que os jovens manifestam a sua criatividade e a capacidade de inovação. Ao mesmo tempo, eles experimentam formas de exclusão e marginalização. A primeira e mais grave é o desemprego juvenil, que em certos países atinge níveis exorbitantes. Além de deixá-los pobres, a falta de trabalho reduz nos jovens a capacidade de sonhar e de esperar, privando-os da possibilidade de oferecer uma contribuição para o desenvolvimento da sociedade. Em numerosos países, esta situação depende do fato de alguns segmentos da população juvenil estarem desprovidos de adequadas capacidades profissionais, também por causa das deficiências do sistema educacional e de formação. Com frequência, a precariedade do emprego que aflige os jovens está relacionada com os interesses econômicos que exploram o trabalho.

Violência e perseguição

41. Muitos jovens vivem em contextos de guerra e são vítimas da violência em uma incalculável variedade de formas: sequestros, extorsões, crime organizado, tráfico de seres humanos, escravidão e exploração sexual, estupros de guerra etc. Outros jovens, em virtude da sua fé, têm dificuldade de encontrar um lugar nas respectivas sociedades e padecem vários tipos de perseguição, que vai até a morte. São numerosos os jovens que, por constrangimento ou por falta de alternativas, vivem perpetrando crimes e violências: crianças-soldado, gangues armadas e criminosas, tráfico de drogas, terrorismo etc. Esta violência ceifa inúmeras vidas jovens. Abusos e dependências, assim como violência e perversão contam-se entre as razões que levam os jovens à prisão, com uma incidência particular sobre alguns grupos étnicos e sociais. Todas estas situações questionam e interpelam a Igreja.

Marginalização e problemas sociais

42. Ainda mais numerosos no mundo são os jovens que padecem formas de marginalização e exclusão social, por motivos religiosos, étnicos ou econômicos. Recordemos a difícil situação de adolescentes e jovens que ficam grávidas e o flagelo do aborto, bem como a propagação do HIV, as diferentes formas de dependência (drogas, jogos de azar, pornografia etc.) e a situação das crianças e adolescentes de rua, que carecem de casa, família e recursos econômicos; os jovens presos merecem uma atenção especial. Várias intervenções ressaltaram a necessidade de que a Igreja valorize as capacidades dos jovens excluídos e as contribuições que eles podem oferecer para as comunidades. Ela quer aliar-se corajosamente a eles, acompanhando-os ao longo de percursos de reapropriação da própria dignidade e de um papel na construção do bem comum.

A experiência do sofrimento

43. Em contraste com um estereótipo generalizado, também o mundo juvenil está profundamente marcado pela experiência da vulnerabilidade, da deficiência, da enfermidade e da dor. Em numerosos países aumenta, principalmente entre os jovens, a proliferação de formas de sofrimento psíquico, depressão, doença mental e distúrbios alimentares, associados a experiências de profunda infelicidade ou à incapacidade de encontrar um lugar na sociedade; finalmente, não deve ser esquecido o trágico fenômeno dos suicídios. Os jovens que vivem estas diversificadas condições de dificuldade e as suas famílias contam com a ajuda das comunidades cristãs, mas nem sempre estas estão adequadamente equipadas para acolhê-los.

A raiz do sofrimento

44. Muitas destas situações são produto da "cultura do descarte": os jovens contam-se entre as suas primeiras vítimas. Mas esta cultura pode impregnar também os jovens, as comunidades cristãs e os seus responsáveis, contribuindo deste modo para a degradação humana, social e ambiental que angustia o nosso mundo. Para a Igreja, trata-se de um apelo à conversão, à solidariedade e a uma renovada ação educacional, tornando-se presente de maneira particular nestes contextos de dificuldade. Também os jovens que vivem nestas situações dispõem de recursos inestimáveis para partilhar com a comunidade e nos ensinam a confrontar-nos com o limite, ajudando-nos a crescer em humanidade. É inesgotável a criatividade com que a comunidade animada pela alegria do Evangelho pode ser uma alternativa aos problemas e às situações difíceis Deste modo, a sociedade consegue experimentar que as pedras descartadas pelos construtores podem tornar-se pedras angulares (Sl 118,22; Lc 20,17; At 4,11; 1Pd 2,4).

Capítulo IV

SER JOVEM HOJE

Aspectos da cultura jovem de hoje

Originalidade e especificidade

45. As jovens gerações são portadoras de uma abordagem da realidade com traços específicos. Os jovens pedem para ser acolhidos e respeitados na sua originalidade. Entre as características específicas mais evidentes da cultura dos jovens foram apontadas a preferência atribuída à imagem em lugar de outras linguagens de comunicação, a importância das sensações e emoções como modo de se aproximar da realidade e a prioridade da vida concreta e da ação sobre a análise teórica. Revestem-se de grande importância as relações de amizade e a pertença a grupos de coetâneos, promovidas também graças às redes sociais. Em geral, os jovens são portadores de uma abertura espontânea à diversidade, que os torna atentos às temáticas da paz, da inclusão e do diálogo entre culturas e religiões. Numerosas experiências de muitas partes do mundo testemunham que os jovens sabem ser pioneiros de encontro e diálogo intercultural e inter-religioso, na perspectiva da convivência pacífica.

Compromisso e participação social

46. Embora de forma diferente das gerações passadas, o compromisso social constitui um traço característico dos jovens de hoje. Ao lado de alguns indiferentes, existem muitos outros dispostos a comprometer-se em iniciativas de voluntariado, cidadania ativa e solidariedade social, que devem ser acompanhados e encorajados para fazer sobressair os talentos, as competências e a criatividade dos jovens, incentivando que eles assumam responsabilidades. O compromisso social e o contato direto com os pobres continuam a ser uma ocasião fundamental de descoberta ou aprofundamento da fé, e de discernimento da própria vocação. É vigorosa e generalizada a sensibilidade pelos temas ecológicos e da sustentabilidade, que a encíclica *Laudato si'* soube catalisar. Assinalou-se também a disponibilidade para empenhar-se no campo político para a construção do bem comum, que a Igreja nem sempre pôde acompanhar, oferecendo oportunidades de formação e espaços de discernimento. No que diz respeito à promoção da justiça, os jovens pedem à Igreja um compromisso decisivo e coerente, que erradique toda a convivência com uma mentalidade mundana.

Arte, música e desporto

47. O Sínodo reconhece e aprecia a importância que os jovens atribuem à expressão artística em todas as suas formas: são numerosos os jovens que empregam neste campo os talentos recebidos, promovendo a beleza, a verdade e a bondade, crescendo em humanidade e na relação com Deus. Para muitos, a expressão artística é também uma autêntica vocação profissional. Não podemos esquecer que, durante séculos, o "caminho da beleza" constituiu uma das modalidades privilegiadas de expressão da fé e de evangelização.

De importância muito peculiar se reveste a música, que representa um verdadeiro ambiente onde os jovens estão constantemente imersos, assim como uma cultura e uma linguagem capazes de suscitar emoções e moldar a identidade. A linguagem musical constitui também um recurso pastoral, que interpela de modo especial a liturgia e a sua renovação. Às vezes, a aprovação dos gostos em uma perspectiva comercial ameaça comprometer o vínculo com as formas tradicionais de expressão musical e inclusive litúrgica.

Igualmente significativo é o relevo que, entre os jovens, assume a prática desportiva, cujas potencialidades nos planos educativo e formativo a Igreja não deve subestimar, mantendo uma presença firme no seu interior. O mundo do desporto tem necessidade de ser ajudado a superar as ambiguidades que o permeiam, como a exaltação dos campeões, a condescendência a lógicas comerciais e a ideologia do sucesso a qualquer custo. Neste sentido, reitera-se o valor do acompanhamento e da assistência na prática desportiva às pessoas com deficiência.

Espiritualidade e religiosidade

Os diferentes contextos religiosos

48. A experiência religiosa dos jovens é fortemente influenciada pelo contexto social e cultural em que vivem.

Em certos países, a fé cristã é uma experiência comunitária forte e viva, que os jovens partilham com alegria. Em outras regiões de antiga tradição cristã, a maioria da população católica não vive uma pertença real à Igreja; contudo, não faltam minorias criativas e experiências que revelam um renascimento do interesse pela religião, como reação contra uma visão reducionista e sufocante. Em outros lugares ainda, os católicos, juntamente com as demais denominações cristãs, constituem uma minoria, que às vezes sofre discriminação e até perseguição. Por último, existem contextos onde se verifica um crescimento das seitas ou de formas de religiosidade alternativa; não raro, aqueles que as seguem sentem-se desiludidos e tornam-se hostis a tudo o que é religioso. Se, em determinadas regiões, os jovens não têm a possibilidade de manifestar publicamente a sua fé ou veem que não é reconhecida a própria liberdade religiosa, em outros lugares, sente-se o peso de escolhas – inclusive políticas – do passado, que minaram a credibilidade eclesial. Não é possível falar da religiosidade dos jovens sem ter em consideração todas estas diferenças.

A busca religiosa

49. Em geral, os jovens declaram que estão à procura do sentido da vida e demonstram interesse pela espiritualidade. Mas, por vezes, esta solicitude configura-se mais como uma busca de bem-estar psicológico do que abertura ao encontro com o Mistério do Deus vivo. De modo especial em determinadas culturas, muitos consideram a religião como uma questão privada e selecionam, a partir de diferentes tradições espirituais, os elementos em que descobrem as próprias convicções. Assim, difunde-se certo sincretismo, que se desenvolve segundo o pressuposto relativista de que todas as religiões são iguais. A adesão a uma comunidade de fé não é vista por todos como o caminho de acesso privilegiado ao sentido da vida, aparecendo acompanhada e por vezes até substituída por ideologias ou pela busca de sucesso nos planos profissional e econômico, na lógica de uma autorrealização material. Porém, mantêm-se vivas algumas práticas transmitidas pela tradição, como as peregrinações aos santuários, que às vezes envolvem um grande número de jovens, e expressões da piedade popular, frequentemente ligadas à devoção a Virgem Maria e aos santos, que preservam a experiência de fé de um povo.

O encontro com Jesus

50. A mesma variedade encontra-se na relação dos jovens com a figura de Jesus. Muitos reconhecem-no como Salvador e Filho de Deus e com frequência sentem-se próximos d'Ele através de Maria, sua Mãe, comprometendo-se em um caminho de fé. Outros não mantêm uma relação pessoal com Ele, mas consideram-no um homem bom e uma referência ética. Outros ainda o encontram através de uma forte experiência do Espírito. Contrariamente, para outros constitui uma figura do passado, desprovida de relevância existencial ou muito distante da experiência humana.

Enquanto "Deus", a "religião" e a "Igreja" não passam de palavras vazias para numerosos jovens, os mesmos mostram-se sensíveis à figura de Jesus, quando ela é apresentada de modo atraente e eficaz. Também os jovens de hoje nos dizem de muitas maneiras: "Queremos ver Jesus" (Jo 12,21), manifestando, assim, aquela saudável inquietação que caracteriza o coração de cada ser humano: "A inquietação da investigação espiritual, a inquietação do encontro com Deus, a inquietação do amor" (FRANCISCO, *Santa Missa por ocasião da abertura do Capítulo Geral da Ordem de Santo Agostinho*, 28/8/2013).

O desejo de uma liturgia viva

51. Em vários contextos, os jovens católicos pedem propostas de oração e momentos sacramentais capazes de tocar a sua vida cotidiana, com uma liturgia renovada, autêntica e alegre. Em muitas regiões do mundo, a experiência litúrgica constitui o principal recurso para a identidade cristã e conta com uma participação ampla e convicta. Os jovens reconhecem nela um momento privilegiado de experiência de Deus e da comunidade eclesial e um ponto de partida para a missão. Em contrapartida, em outros lugares assiste-se a certo afastamento dos sacramentos e da Eucaristia dominical, sentida mais como preceito moral do que feliz encontro com o Senhor Ressuscitado e com a comunidade. Em geral verifica-se, mesmo onde se oferece a catequese sobre os sacramentos, que é insuficiente o acompanhamento educativo para viver a celebração em profundidade, entrar no rico mistério dos seus símbolos e dos seus ritos.

Participação e protagonismo

Os jovens querem ser protagonistas

52. Perante as contradições da sociedade, muitos jovens desejam fazer render os seus talentos, competências e criatividade, e estão dispostos a assumir responsabilidades. Entre os temas que eles consideram mais importantes, sobressaem a sustentabilidade social e ambiental, as discriminações e o racismo. O envolvimento dos jovens obedece muitas vezes a abordagens inéditas, explorando inclusive as potencialidades da comunicação digital em termos de mobilização e pressão política: propagação de estilos de vida e padrões de consumo e engajamento crítico, solidários e atentos ao meio ambiente; novas formas de compromisso e de participação na sociedade e na política; renovadas formas de bem-estar que beneficiem as pessoas mais vulneráveis.

As razões do distanciamento

53. O Sínodo está ciente de que um número consistente de jovens, pelos motivos mais variados, nada pede à Igreja, porque não a consideram significativa para a sua existência. Aliás, alguns lhe pedem expressamente para ser deixados em paz, uma vez que sentem a sua presença como inoportuna e até mesmo irritante. Muitas vezes este pedido não nasce de um desprezo acrítico e impulsivo, mas mergulha as raízes também em razões sérias e respeitáveis: os escândalos sexuais e econômicos; a falta de preparação dos ministros ordenados, que não sabem reconhecer de maneira adequada a sensibilidade dos jovens; o pouco cuidado na preparação da homilia e na apresentação da Palavra de Deus; o papel passivo atribuído aos jovens no seio da comunidade cristã.

Os jovens na Igreja

54. Os jovens católicos não são meramente destinatários da ação pastoral, mas membros vivos do único corpo eclesial, batizados nos quais vive e age o Espírito do Senhor. Contribuem para enriquecer aquilo que a Igreja é, e não somente o que ela faz. São o seu presente e não apenas o seu futuro. Os jovens são protagonistas em muitas atividades da Igreja, nas quais oferecem generosamente o próprio serviço, em particular mediante a animação da catequese e da liturgia, o cuidado das crianças e o voluntariado a favor dos pobres. Movimentos, associações e congregações religiosas oferecem também aos jovens oportunidades de compromisso e corresponsabilidade. Ocasionalmente, a disponibilidade dos jovens encontra certo autoritarismo e falta de confiança da parte de adultos e pastores, que não reconhecem de forma suficiente a sua criatividade e têm dificuldade de compartilhar as responsabilidades.

As mulheres na Igreja

55. Entre os jovens emerge também a solicitação de maior reconhecimento e valorização das mulheres na sociedade e na Igreja. Numerosas mulheres desempenham um papel insubstituível no seio das comunidades cristãs, mas em muitos lugares há dificuldade em conceder-lhes espaço nos processos decisórios, mesmo quando estes não exigem responsabilidades ministeriais específicas. A ausência da voz e da visão feminina empobrece o debate e o caminho da Igreja, subtraindo ao discernimento uma contribuição valiosa. O Sínodo recomenda que todos se tornem mais conscientes da urgência de uma mudança inadiável, inclusive a partir de uma reflexão antropológica e teológica sobre a reciprocidade entre homens e mulheres.

A missão dos jovens junto aos demais de mesma idade

56. Em vários contextos há grupos de jovens, com frequência expressão de associações e movimentos eclesiais, que são muito ativos na evangelização dos seus coetâneos, graças a um claro testemunho de vida, a uma linguagem acessível e à capacidade de estabelecer autênticos laços de amizade. Este apostolado permite levar o Evangelho a pessoas que dificilmente seriam alcançadas pela pastoral dos jovens normal e contribui para fazer amadurecer a própria fé daqueles que se comprometem nisto. Por isso, deve ser apreciado, apoiado, acompanhado com sabedoria e integrado na vida das comunidades.

Desejo de uma comunidade eclesial mais autêntica e fraterna

57. Os jovens pedem que a Igreja resplandeça por autenticidade, exemplaridade, competência, corresponsabilidade e solidez cultural. Às vezes, este pedido soa como uma crítica; mas, muitas outras, assume a forma positiva de um compromisso pessoal em prol de uma comunidade fraterna, acolhedora, alegre e comprometida profeticamente na luta contra a injustiça social. Entre as expectativas dos jovens, destaca-se de maneira especial o desejo de que, na Igreja, se adote um estilo de diálogo menos paternalista e mais franco.

PARTE II

"OS OLHOS DELES SE ABRIRAM"

58. "E, começando por Moisés e seguindo por todos os Profetas, [Jesus] explicou-lhes, em todas as Escrituras, tudo o que lhe dizia respeito. Ao chegarem perto da aldeia para onde iam, fez menção de seguir para diante. Os outros, porém, insistiam com Ele, dizendo: 'Fica conosco, pois a noite vai caindo e o dia já está no ocaso'. Entrou para ficar com eles. E, quando se pôs à mesa, tomou o pão, pronunciou a bênção e, depois de o partir, a eles o entregou. Então os seus olhos abriram-se e reconheceram-no; mas ele desapareceu da presença deles" (Lc 24,27-31).

Depois de os ter ouvido, o Senhor dirige aos dois viajantes uma "palavra" incisiva e decisiva, com autoridade e transformadora. Assim, com mansidão e fortaleza, o Senhor entra na sua morada, permanece com eles e compartilha o pão da vida: é o sinal eucarístico que permite abrirem-se finalmente os olhos aos dois discípulos.

Um novo Pentecostes

A ação do Espírito Santo
59. O Espírito Santo inflama o coração, abre os olhos e suscita a fé dos dois viajantes. Age desde os primórdios

da criação do mundo, para que o projeto do Pai, de recapitular tudo em Cristo, alcance a sua plenitude. Atua em todos os tempos e em todos os lugares, na variedade dos contextos e das culturas, suscitando mesmo no meio das dificuldades e dos sofrimentos o compromisso em prol da justiça, a busca da verdade, a coragem da esperança. Por isso, São Paulo afirma que "toda a criação geme e sofre as dores do parto até o presente" (Rm 8,22). O desejo de vida no amor e aquela saudável inquietação que habita o coração dos jovens fazem parte do grande anseio de toda a criação pela plenitude da alegria. O Espírito Criador age em cada um deles, inclusive naqueles que não conhecem Cristo, a fim de os conduzir à beleza, à bondade e à verdade.

O Espírito rejuvenesce a Igreja

60. A juventude é um período original e estimulante da vida, que o próprio Jesus viveu, santificando-a. A *Mensagem aos jovens*, do Concílio Vaticano II (7/12/1965), apresentou a Igreja como a "verdadeira juventude do mundo", que possui "a faculdade de se alegrar com o que começa, de se dar sem nada exigir, de se renovar e partir para novas conquistas". Através do seu frescor e da sua fé, os jovens contribuem para mostrar este rosto da Igreja, no qual se reflete "o grande Vivente, o Cristo eternamente jovem". Por conseguinte, não se trata de criar uma nova Igreja para os jovens, mas sim de redescobrir com eles a juventude da Igreja, abrindo-nos à graça de um novo Pentecostes.

O Espírito na vida daquele que acredita

61. A vocação do cristão é seguir Cristo, passando através das águas do Batismo, recebendo o selo da Confirmação e, na Eucaristia, tornando-se parte do seu Corpo.

"Vem, pois, o Espírito Santo: depois da água, o fogo, e sereis transformados em pão, que é o Corpo de Cristo" (Agostinho, *Sermão* 227). No caminho da iniciação cristã, é, sobretudo, a Confirmação que permite aos fiéis reviverem a experiência do Pentecostes com uma nova efusão do Espírito para o crescimento e a missão. É importante voltar a descobrir a riqueza deste sacramento, compreender o seu vínculo com a vocação pessoal de cada batizado e com a teologia dos carismas, e cuidar melhor da sua pastoral, a fim de que não se torne um momento formal e pouco significativo. Cada jornada vocacional tem o Espírito Santo como protagonista: ele é o "mestre interior" pelo qual devemos deixar-nos conduzir.

Uma autêntica experiência de Deus

62. A primeira condição para o discernimento vocacional no Espírito é uma autêntica experiência de fé em Cristo, morto e ressuscitado, recordando que esta "não é luz que dissipa todas as nossas trevas, mas lâmpada que guia os nossos passos na noite, e isto basta para o caminho" (Francisco, *Lumen fidei*, n. 57). Nas comunidades cristãs, às vezes corremos o risco de propor, mesmo sem querer, um teísmo ético e terapêutico, que corresponde à necessidade de segurança e de conforto do ser humano, em vez de um encontro vivo com Deus à luz do Evangelho e com a força do Espírito. Se é verdade que a vida só se desperta por meio da vida, torna-se claro que os jovens têm necessidade de encontrar comunidades cristãs realmente radicadas na amizade com Cristo, que nos conduz ao Pai na comunhão do Espírito Santo.

CAPÍTULO I

O DOM DA JUVENTUDE

Jesus jovem entre os jovens

A juventude de Jesus

63. Cristo, "jovem com os jovens, torna-se o seu modelo e santificou-os para o Senhor" (IRINEU, *Contra as heresias*, II,22,4): santificou a juventude pelo simples fato de tê-la vivido. A narrativa bíblica apresenta um único episódio da juventude de Jesus (Lc 2,41-52), que foi vivida sem alvoroço, na simplicidade e laboriosidade em Nazaré, a ponto de ser reconhecido como "o carpinteiro" (Mc 6,3), "o filho do carpinteiro" (Mt 13,55).

Contemplando a sua vida, podemos entender melhor a bênção da juventude: Jesus teve uma confiança incondicional no Pai, cuidou da amizade com os seus discípulos e, até nos momentos de crise, permaneceu fiel a eles. Manifestou uma profunda compaixão pelos mais fracos, especialmente os pobres, os doentes, os pecadores e os excluídos. Teve a coragem de enfrentar as autoridades religiosas e políticas do seu tempo; viveu a experiência de se sentir incompreendido e descartado; experimentou o medo do sofrimento e conheceu a fragilidade da Paixão; dirigiu o seu olhar para o futuro, colocando-se nas mãos seguras do Pai e confiando na força do Espírito. Em Jesus, todos os jovens se podem rever com os seus receios e as suas esperanças, as suas incertezas e os seus sonhos, confiando-se a ele. Na contemplação dos encontros de Jesus com os jovens, terão uma fonte de inspiração.

Com o olhar do Senhor

64. A escuta de Cristo e a comunhão com ele permitem, também aos pastores e aos educadores, amadurecer uma sábia leitura desta fase da vida. O Sínodo procurou olhar para os jovens com a atitude de Jesus, a fim de discernir na vida deles os sinais da ação do Espírito. Efetivamente acreditamos que, também hoje, Deus fala à Igreja e ao mundo através dos jovens, da sua criatividade e do seu compromisso, bem como mediante os seus sofrimentos e os seus pedidos de ajuda. Juntamente com eles, podemos ler de maneira mais profética a nossa época, reconhecendo os sinais dos tempos; por isso, os jovens são um dos "lugares teológicos" onde o Senhor nos dá a conhecer algumas das suas expectativas e desafios para construir o futuro.

Características da idade juvenil

65. A juventude, fase do desenvolvimento da personalidade, está marcada por sonhos que vão ganhando consistência, relações que adquirem cada vez mais substância e equilíbrio, tentativas e experiências, escolhas que traçam progressivamente um projeto de vida. Nesta fase da existência, os jovens são chamados a ir em frente mas sem cortar raízes, a construir autonomia mas não na solidão. Nem sempre o contexto social, econômico e cultural oferece condições favoráveis. Muitos jovens santos fizeram resplandecer os delineamentos da idade juvenil em toda a sua beleza e foram, no seu tempo, verdadeiros profetas de mudança; o seu exemplo mostra do que os jovens são capazes, quando se abrem ao encontro com Cristo.

Também os jovens com deficiência ou atribulados pela doença podem prestar uma contribuição preciosa. O Sínodo convida as comunidades a dar espaço a iniciativas que os reconheçam como protagonistas e lhes permitam sê-lo, por exemplo, com a utilização da língua de sinais para surdos, itinerários catequéticos adequadamente orientados, experiências associativas ou de integração no mundo do trabalho.

A sadia inquietação dos jovens

66. Os jovens são portadores de uma inquietação que, antes de tudo, deve ser acolhida, respeitada e acompanhada, assegurada com convicção em sua liberdade e responsabilidade. A Igreja sabe, por experiência, que a contribuição deles é fundamental para a própria renovação. Em certos aspectos, os jovens podem estar mais adiantados do que os pastores. Na manhã de Páscoa, o jovem Discípulo Amado chegou primeiro ao sepulcro, precedendo, a Pedro, que lhe sentia pesar a idade e a traição (Jo 20,1-10); da mesma forma, na comunidade cristã, o dinamismo juvenil constitui uma energia renovadora para a Igreja, uma vez que a ajuda a libertar-se do peso e da lentidão, e a abrir-se ao Ressuscitado. Ao mesmo tempo, a atitude do Discípulo Amado indica que é importante permanecer em contato com a experiência dos mais velhos, reconhecer o papel dos pastores e não avançar sozinho. Assim, haverá aquela sinfonia de vozes, que é fruto do Espírito.

Os jovens feridos

67. A vida dos jovens, como a de todos, está marcada também por feridas. Trata-se das feridas provocadas pelas derrotas da história pessoal, pelos desejos frustrados, pelas discriminações e injustiças sofridas, por não serem ou não se sentirem amados ou reconhecidos. São feridas corporais e psíquicas. Cristo, que aceitou passar pela paixão e pela morte, por meio da sua cruz torna-se próximo de todos os jovens que sofrem. E temos ainda as feridas morais, o peso dos erros cometidos, o sentimento de culpa por ter errado. Hoje, mais do que nunca, reconciliar-se com as feridas pessoais é condição necessária para uma vida feliz. A Igreja é chamada a apoiar todos os jovens nas suas provações e promover medidas pastorais adequadas.

Tornar-se adulto

A idade das decisões

68. A juventude é uma fase da vida que deve acabar, para dar espaço à idade adulta. Esta passagem não se verifica de modo puramente cronológico, mas implica um caminho de amadurecimento, que nem sempre é facilitado pelo ambiente onde os jovens vivem. Com efeito, em muitas regiões alastrou-se uma cultura do provisório, que favorece um prolongamento indefinido da adolescência e o adiamento das decisões; assim, o receio do definitivo gera uma espécie de paralisia das decisões. Mas a juventude não pode permanecer um tempo suspenso: é a idade das opções, consistindo nisto precisamente o seu encanto e a sua tarefa maior. Os jovens tomam decisões nos âmbitos profissional, social e político, além de outras mais radicais, que determinarão a fisionomia da sua existência. A propósito destas últimas é que se fala, mais precisamente, de "escolhas de vida": efetivamente é delas que a própria vida, na sua singularidade irrepetível, recebe orientação definitiva.

A existência sob a perspectiva da missão

69. O Papa Francisco convida os jovens a imaginar a própria vida no horizonte da missão: "Muitas vezes, na vida, perdemos tempo questionando-nos: 'Mas quem sou eu?'. E podes passar a vida inteira a questionar-te quem és, procurando saber quem és. Mas a pergunta que deves pôr-te é esta: 'Para quem sou eu?'" (*Discurso na Vigília de Oração preparatória da Jornada Mundial da Juventude*, Basílica de Santa Maria Maior, 8/4/2017). Esta afirmação ilumina profundamente as escolhas de vida, porque exorta a assumi-las no horizonte libertador do dom de si mesmo. Este é o único caminho para alcançar uma felicidade genuína e duradoura! Efetivamente, "a missão no coração do povo não é uma parte da minha vida, ou um ornamento que posso pôr de lado; não é um apêndice ou um momento entre tantos outros da minha vida. É algo que não posso arrancar do meu ser, se não me quero destruir. Eu sou uma missão nesta terra, e para isso estou neste mundo" (FRANCISCO, *Evangelii gaudium*, n. 273).

Uma pedagogia capaz de interpelar

70. A missão é uma bússola segura para a jornada da vida, mas não é um "navegador" que indica com antecedência todo o percurso. A liberdade acarreta sempre uma dimensão de risco, que deve ser avaliada corajosamente e acompanhada de maneira progressiva e com sabedoria. Muitas páginas do Evangelho mostram-nos Jesus que convida a ousar, para ir além, para passar da lógica da observância dos preceitos para a lógica do dom generoso e incondicional, sem esconder a exigência de carregar a própria cruz (Mt 16,24). Ele é radical; "*dá tudo e pede tudo*: dá um amor total e pede um coração indiviso" (FRANCISCO, *Homilia na Santa Missa com Canonizações*, 14/10/2018). Evitando iludir os jovens com propostas minimalistas ou sufocá-los com um conjunto de regras que dão uma imagem redutora e moralista ao cristianismo, somos chamados a investir na audácia deles, educando-os para que assumam as suas responsabilidades, convictos de que até o erro, o fracasso e a crise constituem experiências que podem fortalecer a sua humanidade.

O verdadeiro sentido da autoridade

71. Para percorrer um verdadeiro caminho de amadurecimento, os jovens têm necessidade de adultos com autoridade. No seu significado etimológico, *auctoritas* indica a capacidade de fazer crescer; expressa a ideia, não de um poder diretivo, mas de uma autêntica força geradora. Quando Jesus encontrava os jovens – independentemente do estado e condição em que se achassem, ainda que estivessem mortos –, ora de um modo, ora de outro, lhes dizia:

"Levanta-te! Cresce!". E a sua palavra realizava aquilo que dizia (Mc 5,41; Lc 7,14). No episódio da cura do epilético possuído por um espírito imundo (Mc 9,14-29), que evoca as muitas formas de alienação dos jovens de hoje, vê-se claramente que Jesus pega na sua mão, não para tolher a liberdade, mas para ativá-la, para libertá-la. Jesus exerce plenamente a sua autoridade: nada mais quer senão o crescimento do jovem, sem possessividade, manipulação e sedução.

O vínculo com a família

72. A família é a primeira comunidade de fé na qual, não obstante os limites e as imperfeições, o jovem experimenta o amor de Deus e começa a discernir a sua vocação. Os Sínodos anteriores, bem como a sucessiva Exortação Apostólica *Amoris Laetitia*, não se cansam de sublinhar que a família, enquanto igreja doméstica, tem o dever de viver a alegria do Evangelho na vida cotidiana e de levar todos os seus membros a participarem nela, de acordo com a respectiva condição, permanecendo aberta às dimensões vocacional e missionária.

Contudo, nem sempre as famílias educam os filhos para olhar o futuro em uma lógica vocacional. Por vezes, a busca do prestígio social ou do sucesso pessoal, a ambição dos pais ou a tendência a determinar as opções dos filhos invadem o espaço do discernimento e condicionam as decisões. O Sínodo reconhece a necessidade de ajudar as famílias a assumir com maior clareza uma visão da vida como vocação. A narrativa evangélica de Jesus adolescente (Lc 2,41-52), obediente aos pais, mas capaz de se separar deles para se ocupar dos assuntos do Pai, pode oferecer luzes preciosas para ordenar de forma evangélica as relações familiares.

Chamado à liberdade

O Evangelho da liberdade

73. A liberdade é condição essencial para uma autêntica opção de vida, mas corre o risco de ser mal-entendida, já que nem sempre é apresentada de maneira adequada. A própria Igreja acaba por aparecer, aos olhos de muitos jovens, como uma instituição que impõe regras, proibições e obrigações, quando, ao invés, "é para a liberdade que Cristo nos libertou" (Gl 5,1), fazendo-nos passar do regime da Lei para o do Espírito. À luz do Evangelho, hoje é oportuno reconhecer com maior clareza que a liberdade é constitutivamente relacional e mostrar que as paixões e as emoções são relevantes, na medida em que orientam para o encontro autêntico com o outro. Tal perspectiva comprova de modo evidente que a verdadeira liberdade só é compreensível e possível no respeito à verdade (Jo 8,31-32) e, principalmente, à caridade (1Cor 13,1-13; Gl 5,13): liberdade é sermos nós mesmos no coração de outrem.

Uma liberdade responsável

74. Através da fraternidade e da solidariedade vividas, especialmente em benefício dos últimos, os jovens descobrem que a liberdade genuína nasce do fato de se sentir acolhido e cresce dando espaço ao outro. Fazem uma experiência semelhante quando se comprometem a cultivar a sobriedade ou o respeito pelo meio ambiente. A experiência do reconhecimento recíproco e do compromisso partilhado leva-os a descobrir que o seu coração está habitado por um silencioso apelo ao amor que vem de Deus. Assim, torna-se mais fácil identificar a dimensão transcendente que a liberdade originalmente traz em si mesma e que se desperta em contato com as experiências mais intensas da vida: o nascimento e a morte, a amizade e o amor, a culpa e o perdão. São exatamente estas experiências que ajudam a reconhecer que a natureza da liberdade é radicalmente responsável.

Liberdade e fé

75. Há mais de cinquenta anos, São Paulo VI introduziu a expressão "diálogo da salvação", interpretando a missão do Filho no mundo como manifestação de um "pedido insistente de amor". Acrescentou, porém, que nos deixou "livres para corresponder ou fechar os ouvidos" (*Ecclesiam suam*, n. 43). Nesta perspectiva, o ato de fé pessoal apresenta-se livre e libertador: será o ponto de partida para uma gradual apropriação dos conteúdos da fé. Por conseguinte, a fé não constitui um elemento que se acrescenta exteriormente à liberdade, mas realiza o anseio da consciência pela verdade, a bondade e a beleza, encontrando-os plenamente em Jesus. O testemunho de numerosos jovens mártires do passado e do presente, que ressoou energicamente no Sínodo, é a prova mais convincente de que a fé nos torna livres diante dos poderes do mundo, das suas injustiças e até mesmo da morte.

A liberdade ferida e redimida

76. A liberdade humana está marcada pelas feridas do pecado pessoal e pela concupiscência. Mas, quando a pessoa, graças ao perdão e à misericórdia, toma consciência dos obstáculos que a têm prisioneira, cresce em maturidade e pode comprometer-se, com maior lucidez, nas opções definitivas da vida. Em uma perspectiva educacional, é importante ajudar os jovens a não desanimarem perante erros e fracassos, mesmo que humilhantes, porque fazem parte integrante do caminho para uma liberdade mais madura, consciente da própria grandeza e fragilidade.

Contudo, o mal não tem a última palavra: "Tanto amou Deus o mundo, que lhe entregou o seu Filho Unigênito" (Jo 3,16). Ele amou-nos até o fim, resgatando desta forma a nossa liberdade. Ao morrer por nós na cruz, derramou o Espírito e, "onde está o Espírito do Senhor, aí está a liberdade" (2Cor 3,17): uma liberdade nova, pascal, que se concretiza no dom cotidiano de si mesmo.

Capítulo II

O MISTÉRIO DA VOCAÇÃO

A busca da vocação

Vocação, viagem e descoberta

77. A narrativa da vocação de Samuel (1Sm 3,1-21) permite-nos identificar os traços fundamentais do discernimento: a escuta e o reconhecimento da iniciativa divina, uma experiência pessoal, uma compreensão progressiva, um acompanhamento paciente e respeitoso do mistério em ação, um destino comunitário. A vocação não se impõe a Samuel como um destino a suportar; trata-se de uma proposta de amor, um envio missionário em uma história de cotidiana confiança mútua.

Como no caso do jovem Samuel, assim também para cada homem e mulher, a vocação – apesar de ter momentos fortes e privilegiados – comporta uma longa viagem. A Palavra do Senhor requer tempo para ser entendida e interpretada; a missão, a que ela chama, revela-se progressivamente. Os jovens sentem-se fascinados pela aventura de uma gradual descoberta de si mesmos. Aprendem de bom grado das atividades que desempenham, dos encontros e das relações, colocando-se à prova na vida diária. Precisam, porém, ser ajudados a unificar as variadas experiências e a interpretá-las em uma perspectiva de fé, superando o risco de dispersão e reconhecendo os sinais com que Deus lhes fala. Na descoberta da vocação, nem tudo aparece imediatamente claro, porque a fé "'vê' à medida que caminha, à medida que entra no espaço aberto pela Palavra de Deus" (FRANCISCO, *Lumen fidei*, n. 9).

Vocação, graça e liberdade

78. Ao longo dos séculos, a compreensão teológica do mistério da vocação conheceu diferentes ênfases, de acordo com o contexto social e eclesial em que o tema foi elaborado. De qualquer maneira, deve-se reconhecer o caráter analógico do termo "vocação" e as várias dimensões que conotam a realidade por ele designada. Isto levou, de vez em quando, a salientar aspectos individuais segundo perspectivas que nem sempre souberam salvaguardar, com igual equilíbrio, a complexidade do conjunto. Portanto, para entender profundamente o mistério da vocação, que tem a sua origem última em Deus, somos chamados a purificar o nosso imaginário e a nossa linguagem religiosa, redescobrindo a riqueza e o equilíbrio da narrativa bíblica. De modo particular, a combinação entre a escolha divina e a liberdade humana deve ser pensada excluindo qualquer posição determinista e extrínseca. A vocação não é um roteiro já pronto, que o ser humano deveria simplesmente recitar, nem uma improvisação teatral sem roteiro. Dado que Deus nos chama a ser amigos e não servos (Jo 15,15), as nossas opções concorrem realmente para a realização histórica do seu desígnio de amor. Além disso, a economia da salvação é um Mistério que nos ultrapassa infinitamente; por isso, só a escuta do Senhor pode revelar-nos a parte que somos chamados a ter nela. Vista sob esta luz, a vocação aparece realmente como um dom de graça e de aliança, como o segredo mais belo e precioso da nossa liberdade.

Criação e vocação

79. Ao afirmar que tudo foi criado por meio de Cristo e para ele (Cl 1,16), a Sagrada Escritura leva-nos a ler o mistério da vocação como uma realidade que marca a própria criação de Deus. Deus criou mediante a sua Palavra, que "chama" à existência e à vida, e depois "distingue" do caos indefinido, imprimindo no cosmos a beleza da ordem e a harmonia da diversidade. Se São Paulo VI já tinha afirmado que "toda a vida é uma vocação" (*Populorum progressio*, n. 15), Bento XVI insistiu que o ser humano é criado como ser dialógico: a Palavra criadora "chama cada um em termos pessoais, revelando, assim, que *a própria vida é vocação* em relação a Deus" (*Verbum Domini*, n. 77).

Por uma cultura vocacional

80. Falar da existência humana em termos vocacionais permite salientar alguns elementos que são muito importantes para o crescimento do jovem: significa excluir que essa existência seja determinada pelo destino ou fruto do acaso e ainda que seja um bem privado a ser administrado por conta própria. Se, no primeiro caso, não há vocação porque não existe o reconhecimento de uma destinação digna de um destino, no segundo, um ser humano imaginado "sem vínculos" torna-se "sem vocação". Por isso, é importante criar as condições a fim de que, em todas as comunidades cristãs, a partir da consciência batismal dos seus membros, se desenvolvam uma verdadeira cultura vocacional e um incessante compromisso de oração pelas vocações.

A vocação de seguir Jesus

O encanto por Jesus

81. Muitos jovens são fascinados pela figura de Jesus. A vida dele parece-lhes boa e bela, porque é pobre e simples, feita de amizades sinceras e profundas, doada aos irmãos com generosidade, nunca fechada a ninguém, mas sempre disponível ao dom. A vida de Jesus continua a ser, ainda hoje, profundamente atraente e inspiradora; é, para todos os jovens, uma provocação que desafia e interpela. A Igreja está ciente de que isto se deve ao fato de Jesus ter uma ligação profunda com todo o ser humano, porque "Cristo, novo Adão, na própria revelação do mistério do Pai e do seu amor, revela o homem a si mesmo e descobre-lhe a sua vocação sublime" (*Gaudium et spes*, n. 22).

Fé, vocação e discipulado

82. Na verdade, Jesus não só fascinou com a sua vida, mas também chamou explicitamente à fé. Encontrou homens e mulheres que reconheceram, nos seus gestos e nas suas palavras, a maneira correta de falar de Deus e de se relacionar com ele, anuindo àquela fé que leva à salvação: "Filha, a tua fé te salvou. Vai em paz!" (Lc 8,48). Mas outros, que o conheceram, foram chamados a tornar-se seus discípulos e testemunhas. A quem quer ser seu discípulo,

Ele não escondeu a exigência de carregar a própria cruz todos os dias e segui-lo por um caminho pascal de morte e ressurreição. E a fé das testemunhas continua a viver na Igreja, sinal e instrumento de salvação para todos os povos. A pertença à comunidade de Jesus conheceu sempre diversas formas de seguimento. A maioria dos discípulos viveu a fé nas condições comuns da vida de todos os dias; mas outros, incluindo algumas figuras femininas, partilharam a existência itinerante e profética do Mestre (Lc 8,1-3); desde o princípio, os apóstolos desempenharam um papel especial na comunidade e foram associados por ele ao seu ministério de guia e orientação.

A Virgem Maria

83. Entre todas as figuras bíblicas que ilustram o mistério da vocação, há que contemplar de maneira singular Maria. Mulher jovem que tornou possível, com o seu "sim", a Encarnação, criando as condições para que todas as outras vocações eclesiais pudessem ser geradas, ela permanece a primeira discípula de Jesus e o modelo de todo o discipulado. Na sua peregrinação de fé, Maria seguiu o seu Filho até o pé da cruz e, depois da Ressurreição, acompanhou a Igreja nascente no Pentecostes. Como Mãe e Mestra misericordiosa, continua a acompanhar a Igreja e a suplicar pelo Espírito que vivifica cada vocação. Assim, é evidente que o "princípio mariano" tem um papel eminente, iluminando a vida inteira da Igreja nas suas diversas manifestações. Ao lado da Virgem, também a figura de José, seu Esposo, constitui um modelo exemplar de resposta vocacional.

Vocação e vocações

Vocação e missão da Igreja

84. Não é possível compreender plenamente o sentido da vocação batismal, se não se considera que esta é para todos, sem exceção, um chamado à santidade. Este apelo implica necessariamente o convite a participar na missão da Igreja, cuja finalidade fundamental é a comunhão com Deus e entre todas as pessoas. Efetivamente, as vocações eclesiais são expressões múltiplas e articuladas, através das quais a Igreja concretiza o seu chamado a ser sinal verdadeiro do Evangelho acolhido em uma comunidade fraterna. As várias formas de seguimento de Cristo manifestam, cada uma à sua maneira, a missão de testemunhar o evento de Jesus, no qual todo homem e mulher encontram a salvação.

A variedade de carismas

85. Nas suas cartas, São Paulo trata várias vezes deste tema, evocando a imagem da Igreja como corpo formado por diferentes membros e colocando em evidência que cada membro é necessário e, ao mesmo tempo, dependente do todo, uma vez que somente a unidade entre todos torna o corpo vivo e harmonioso. A origem desta comunhão, o Apóstolo encontra-a no próprio mistério da Santíssima Trindade: "Há diversidade de dons, mas o Espírito é o mesmo; há diversidade de ministérios, mas o Senhor é o mesmo; há diversos modos de agir, mas é o mesmo Deus que realiza tudo em todos" (1Cor 12,4-6). O Concílio Vaticano II e o subsequente Magistério oferecem indicações preciosas para elaborar uma correta teologia dos carismas e ministérios na Igreja, a fim de acolher com gratidão e valorizar com sabedoria os dons da graça que o Espírito gera continuamente na Igreja para renová-la.

Profissão e vocação

86. Numerosos jovens vivem a orientação profissional em um horizonte vocacional. Não raro rejeitam propostas de trabalho aliciantes, porque não estão em sintonia com os valores cristãos, e fazem a escolha dos percursos de formação interrogando-se como fazer frutificar os talentos pessoais a serviço do Reino de Deus. O trabalho é, para muitos, uma ocasião para reconhecer e valorizar os dons recebidos: assim, os homens e as mulheres participam ativamente no mistério trinitário da criação, redenção e santificação.

A família

87. As duas recentes Assembleias sinodais sobre a família, de que resultou a Exortação Apostólica *Amoris Laetitia*, ofereceram uma rica contribuição sobre a vocação da família na Igreja e a cooperação insubstituível que as famílias são chamadas a dar no testemunho do Evangelho através do amor recíproco, da geração e da educação dos filhos. Ao mesmo tempo que se refere à riqueza contida nos recentes documentos, lembra-se da importância de retomar a sua mensagem para redescobrir e tornar compreensível aos jovens a beleza da vocação nupcial.

A vida consagrada

88. O dom da vida consagrada, tanto na sua forma contemplativa como ativa, que o Espírito suscita na Igreja, tem um particular valor profético enquanto é um alegre testemunho da gratuidade do amor. Quando as comunidades religiosas e as novas fundações vivem autenticamente a fraternidade, tornam-se escolas de comunhão, centros de oração e contemplação, lugares de testemunho de diálogo intergeracional e intercultural, bem como espaços para a evangelização e a caridade. A missão de muitos consagrados e consagradas, que cuidam dos últimos nas periferias do mundo, manifesta concretamente a dedicação de uma Igreja em saída. Não obstante em certas regiões experimente-se a redução numérica e as dificuldades do envelhecimento, contudo a vida consagrada continua a ser fecunda e criativa, graças também à corresponsabilidade de muitos leigos que compartilham o espírito e a missão dos diferentes carismas. A Igreja e o mundo não podem prescindir deste dom vocacional, que constitui um grande recurso para o nosso tempo.

O ministério ordenado

89. A Igreja sempre teve um cuidado especial pelas vocações ao ministério ordenado, ciente de que este é um elemento constitutivo da sua identidade e necessário para a vida cristã. Por tal razão, sempre reservou uma atenção específica à formação e ao acompanhamento dos candidatos ao presbiterado. A preocupação de muitas Igrejas pela sua diminuição numérica torna necessária uma renovada reflexão sobre a vocação ao ministério ordenado e sobre uma pastoral vocacional capaz de fazer sentir o fascínio da pessoa de Jesus e de seu chamado a ser pastor do seu rebanho. Também a vocação ao diaconato permanente requer maior atenção, porque constitui um recurso do qual ainda não foram desenvolvidas todas as potencialidades.

A condição de solteiro

90. O Sínodo refletiu sobre a condição daqueles que vivem sós, reconhecendo que, sob esta designação, se podem indicar situações de vida muito diferentes entre si. Tal situação pode depender de muitas razões, voluntárias ou involuntárias, assim como de fatores culturais, religiosos e sociais. Portanto, ela pode expressar uma vastíssima gama de percursos. A Igreja reconhece que esta condição, assumida em uma lógica de fé e de dom, pode tornar-se um dos inúmeros caminhos ao longo dos quais se atua a graça do Batismo e se caminha para a santidade a que todos somos chamados.

Capítulo III

A MISSÃO DE ACOMPANHAR

A Igreja que acompanha

Diante das escolhas

91. No mundo atual, caracterizado por um pluralismo cada vez mais evidente e por um leque de opções sempre mais amplo, a questão das escolhas a fazer apresenta-se com particular intensidade e em vários níveis, principalmente diante de itinerários de vida cada vez menos lineares, marcados por uma grande precariedade. Com efeito, muitas vezes os jovens movem-se entre abordagens tão extremas quanto ingênuas: desde considerar-se à mercê de um destino já prescrito e inexorável até sentir-se dominado por um ideal abstrato de sublimidade, em um contexto de competição desordenada e violenta.

Por isso, o acompanhamento para fazer escolhas válidas, estáveis e bem fundamentadas constitui um serviço do qual se sente grande necessidade. Fazer-se presente, apoiar e acompanhar o itinerário rumo a escolhas autênticas é, para a Igreja, uma maneira de exercer a sua função materna, de gerar os filhos de Deus para a liberdade. Tal serviço constitui simplesmente a continuação do modo como o Deus de Jesus Cristo age em relação ao seu povo: através de uma presença constante e cordial, de uma proximidade dedicada e amorosa e de uma ternura sem limites.

Juntos repartir o pão

92. Como ensina a narrativa dos discípulos de Emaús, o acompanhamento exige a disponibilidade para percorrer juntos um trecho do caminho, estabelecendo uma relação significativa. A origem do termo "acompanhar" remete para o pão partido e compartilhado (*cum pane*), com toda a riqueza simbólica humana e sacramental desta referência. Por conseguinte, o primeiro sujeito do acompanhamento é a comunidade no seu conjunto, precisamente porque é no seu seio que se desenvolve aquela rede de relações que pode apoiar a pessoa no seu caminho, oferecendo-lhe pontos de referência e orientação. O acompanhamento no crescimento humano e cristão rumo à vida adulta constitui uma das formas como a comunidade se mostra capaz de renovar a si mesma e de renovar o mundo.

A Eucaristia é memória viva do evento pascal, lugar privilegiado da evangelização e da transmissão da fé tendo em vista a missão. Na assembleia reunida na celebração eucarística, a experiência de ser pessoalmente tocado, instruído e curado por Jesus acompanha cada um no seu percurso de crescimento pessoal.

Ambientes e papéis

93. Além dos membros da família, são chamadas a desempenhar um papel de acompanhamento todas as pessoas significativas nos diferentes âmbitos de vida dos jovens, tais como professores, animadores, treinadores e outras figuras de referência, inclusive profissionais. Embora sacerdotes, religiosos e religiosas não detenham o monopólio do acompanhamento, cabe-lhes uma tarefa específica, que decorre da sua vocação e que precisam redescobrir, como pediram (em nome de muitos outros) os jovens presentes na Assembleia sinodal. A experiência de algumas Igrejas exalta o papel dos catequistas como acompanhantes das comunidades cristãs e dos seus membros.

Acompanhar a inserção na sociedade

94. O acompanhamento não pode limitar-se ao percurso de crescimento espiritual, nem às práticas da vida cristã. Igualmente profícuo resulta o acompanhamento ao longo do percurso de progressiva aceitação de responsabilidades no seio da sociedade, por exemplo, nos âmbitos profissional ou de engajamento sociopolítico. Em tal sentido, a Assembleia sinodal recomenda a valorização da doutrina social da Igreja. Dentro de sociedades e de comunidades eclesiais cada vez mais interculturais e multirreligiosas, é necessário um acompanhamento específico quanto à relação com a diversidade, que a valorize como enriquecimento recíproco e possibilidade de comunhão fraterna, contra a dupla tentação do fechamento na própria identidade e do relativismo.

Acompanhamento comunitário, de grupo e pessoal

Uma frutuosa tensão

95. Existe uma complementaridade constitutiva entre o acompanhamento pessoal e o comunitário, que cada espiritualidade ou sensibilidade eclesial é chamada a articular de maneira original. Sobretudo em certos momentos particularmente delicados, como, por exemplo, a fase do discernimento em relação às opções fundamentais de vida ou a travessia de momentos críticos, será particularmente fecundo o acompanhamento pessoal direto. Contudo, este permanece importante mesmo na vida cotidiana como uma maneira de aprofundar o relacionamento com o Senhor.

Além disso, salienta-se a urgência de acompanhar pessoalmente seminaristas e jovens sacerdotes, religiosos em formação, assim como os casais de noivos no caminho de preparação para o Matrimônio e nos primeiros tempos depois da celebração do sacramento, inspirando-se no catecumenato.

Acompanhamento comunitário e em grupo

96. Jesus acompanhou o grupo dos seus discípulos, partilhando com eles a vida de todos os dias. A experiência comunitária põe em evidência qualidades e limitações de cada pessoa, aumentando a consciência humilde de que, sem a partilha dos dons recebidos para o bem de todos, não é possível seguir o Senhor.

Esta experiência continua na prática da Igreja, que prevê os jovens inseridos em grupos, movimentos e associações de vários tipos, onde experimentam o ambiente caloroso e acolhedor e a intensidade de relações que desejam. A integração em realidades desta natureza reveste-se de importância particular, uma vez concluído o percurso da iniciação cristã, porque oferece aos jovens o terreno para continuar o amadurecimento da própria vocação cristã. Nestes ambientes, deve-se incentivar a presença de pastores, para garantir um acompanhamento adequado.

Nos grupos, os educadores e animadores representam um ponto de referência em termos de acompanhamento, enquanto as relações de amizade, que se desenvolvem no seu interior, constituem o terreno para um acompanhamento entre coetâneos.

Acompanhamento espiritual pessoal

97. O acompanhamento espiritual é um processo que pretende ajudar a pessoa a integrar progressivamente as diferentes dimensões da vida, para seguir o Senhor Jesus. Neste processo, articulam-se três instâncias: a escuta da vida, o encontro com Jesus e o diálogo misterioso entre a liberdade de Deus e a da pessoa. Quem acompanha, acolhe com paciência, suscita as questões mais verdadeiras e reconhece os sinais do Espírito na resposta dos jovens.

No acompanhamento espiritual pessoal, aprende-se a reconhecer, interpretar e decidir na perspectiva da fé, ouvindo tudo o que o Espírito sugere na vida cotidiana (Francisco, *Evangelii gaudium*, nn. 169-173). Na própria Tradição, o carisma do acompanhamento espiritual não está necessariamente ligado ao ministério ordenado. Hoje, mais do que nunca, há necessidade de guias espirituais, padres e irmãs, não só preparados intelectualmente, mas com uma profunda experiência de fé e humanidade. O Sínodo espera que haja uma redescoberta, neste âmbito, também do grande recurso gerativo que são a vida consagrada, particularmente feminina, e os leigos (adultos e jovens) bem formados.

Acompanhamento e sacramento da Reconciliação

98. O sacramento da Reconciliação desempenha um papel indispensável para avançar na vida de fé, que está marcada não só pela limitação e pela fragilidade mas também pelo pecado. O ministério da Reconciliação e o acompanhamento espiritual devem ser convenientemente distintos, uma vez que têm diferentes finalidades e formas. Pastoralmente, é oportuna uma sadia e sábia gradação de percursos penitenciais, com o envolvimento de uma pluralidade de figuras educativas, que ajudem os jovens a ler a sua vida moral, a amadurecer uma noção correta do pecado e, sobretudo, a abrir-se à alegria libertadora da misericórdia.

Um acompanhamento integral

99. O Sínodo reconhece ainda a necessidade de promover um acompanhamento integral, onde os aspectos espirituais estejam bem integrados com os humanos e sociais. Como explica o Papa Francisco, "o discernimento espiritual não exclui as contribuições de sabedorias humanas, existenciais, psicológicas, sociológicas ou morais; mas transcende-as" (*Gaudete et exsultate*, n. 170). Trata-se de elementos que devem ser entendidos de maneira dinâmica e no respeito pelas diversas espiritualidades e culturas, sem exclusões nem confusões.

O acompanhamento psicológico ou psicoterapêutico, se estiver aberto à transcendência, pode revelar-se fundamental para um caminho de integração da personalidade, reabrindo a um possível crescimento vocacional alguns aspectos da personalidade que estavam fechados ou bloqueados. Os jovens vivem toda a riqueza e fragilidade de ser um "canteiro de obras aberto". A mediação psicológica poderia ajudar não só a repercorrer com paciência a história pessoal, mas também a reorganizar prioridades para chegar a um equilíbrio afetivo mais estável.

O acompanhamento na formação para o ministério ordenado e para a vida consagrada

100. Quando os jovens são recebidos nas casas de formação ou nos seminários, é importante averiguar se possuem suficiente enraizamento em uma comunidade, estabilidade nas relações de amizade com os seus coetâneos, no compromisso de estudo ou de trabalho, no contato com a pobreza e o sofrimento. No acompanhamento espiritual, é decisiva a iniciação na oração e no trabalho interior, aprendendo o discernimento antes de tudo na sua vida, mesmo através de formas de renúncia e de ascese. O celibato pelo

Reino (Mt 19,12) há de ser visto como um dom que se deve reconhecer e verificar na liberdade, alegria, gratuidade e humildade, antes da admissão às Ordens ou da Primeira Profissão. A contribuição da psicologia deve ser entendida como ajuda para o amadurecimento afetivo e a integração da personalidade, inserindo-se no itinerário formativo segundo a deontologia profissional e o respeito pela liberdade efetiva de quem está em formação. A figura do reitor ou de quem é responsável pela formação torna-se cada vez mais importante para unificar o caminho formativo, chegar a um discernimento realista consultando todas as pessoas envolvidas na formação e decidir quanto à eventualidade de interromper o caminho de formação ajudando o candidato a prosseguir em outro caminho vocacional.

Concluída a fase inicial da formação, é necessário assegurar a formação permanente e o acompanhamento de sacerdotes, consagrados e consagradas, principalmente os mais jovens. Muitas vezes estes últimos veem-se confrontados com desafios e responsabilidades excessivos e desproporcionais. A tarefa de os acompanhar não está reservada apenas às pessoas responsáveis delegadas para isso, mas deve ser exercida pessoalmente por bispos e superiores.

Acompanhadores de qualidade

Chamado a acompanhar

101. Os jovens pediram-nos, de muitas maneiras, para qualificar a figura dos acompanhadores. O serviço do acompanhamento constitui uma verdadeira missão, que requer a disponibilidade apostólica de quem o presta. Como o diácono Filipe, o acompanhador é chamado a obedecer ao apelo do Espírito, saindo e abandonando o recinto das muralhas de Jerusalém, figura da comunidade cristã, para se dirigir a um lugar deserto e inóspito, talvez perigoso, adiantando-se para alcançar uma carruagem. Tendo-o alcançado, deve encontrar o modo de relacionar-se com o viajante estrangeiro para fazer suscitar nele perguntas que, espontaneamente, talvez nunca tivesse formulado (At 8,26-40). Em síntese, acompanhar exige colocar-se à disposição tanto do Espírito do Senhor como de quem é acompanhado, com todas as suas qualidades e capacidades, e depois ter a coragem de humildemente se afastar.

O perfil do acompanhador

102. O bom acompanhador é uma pessoa equilibrada, que sabe escutar, uma pessoa de fé e de oração, que se confrontou com as suas próprias fraquezas e fragilidades. Por isso, sabe ser acolhedor dos jovens que acompanha, sem moralismos nem falsas condescendências. Quando é necessário, sabe oferecer também uma palavra de correção fraterna.

A consciência de que acompanhar é uma missão que exige uma profunda radicação na vida espiritual há de ajudá-lo a manter-se livre em relação aos jovens que acompanha: respeitará o êxito do percurso deles, assistindo-os com a oração e regozijando-se com os frutos que o Espírito produz naqueles que lhe abrem o coração, sem procurar impor-lhes a sua vontade nem as suas preferências. De igual modo, será capaz de se colocar a serviço, em vez de ocupar o centro das atenções assumindo atitudes possessivas e manipuladoras que criam, não liberdade, mas dependência nas pessoas. Este respeito profundo será também a melhor garantia contra os riscos de imitação servil e de abusos de todos os tipos.

A importância da formação

103. Para poder desempenhar o seu serviço, o acompanhador terá necessidade de cultivar a sua vida espiritual, alimentando a relação que o une àquele que lhe confiou a missão. Do mesmo modo, precisará sentir o apoio da comunidade eclesial a que pertence. Será importante que receba uma formação específica para este ministério particular e que se possa beneficiar, por sua vez, de acompanhamento e supervisão.

Finalmente, é preciso recordar que, entre os traços caracterizadores do nosso ser Igreja que gozam de grande apreço por parte dos jovens, conta-se a disponibilidade e capacidade de trabalhar em equipe: deste modo, seremos mais expressivos, eficazes e incisivos na formação dos jovens. Esta competência no trabalho comunitário exige o amadurecimento de virtudes relacionais específicas: a disciplina da escuta e a capacidade de dar espaço ao outro, a prontidão no perdão e a disponibilidade para se envolver em uma verdadeira espiritualidade de comunhão.

Capítulo IV

A ARTE DE DISCERNIR

Igreja, ambiente para discernir

Uma constelação de significados, na variedade de tradições espirituais

104. O acompanhamento vocacional é dimensão fundamental de um processo de discernimento por parte da pessoa que é chamada a escolher. O termo "discernimento" usa-se em uma pluralidade de acepções, embora interligadas. Em um sentido mais geral, discernimento indica o processo em que se tomam decisões importantes; em um segundo sentido, próprio mais da tradição cristã e sobre o qual nos deteremos de maneira particular, equivale à dinâmica espiritual pela qual uma pessoa, um grupo ou uma comunidade procuram reconhecer e abraçar a vontade de Deus na sua realidade concreta: "Examinai tudo, guardai o que é bom" (1Ts 5,21). Enquanto solicitude a reconhecer a voz do Espírito e acolher o seu chamado, o discernimento é uma dimensão essencial do estilo de vida de Jesus; mais do que uma ação pontual, trata-se de uma atitude fundamental.

Ao longo da história da Igreja, as diferentes espiritualidades abordaram o tema do discernimento, com distintas acentuações, devidas também às diversas sensibilidades carismáticas e períodos históricos. Durante o Sínodo, reconhecemos alguns elementos comuns, que não eliminam a diversidade das linguagens: a presença de Deus na vida e na história de cada pessoa; a possibilidade de reconhecer a ação d'ele; o papel da oração, da vida sacramental e da ascese; o confronto contínuo com as exigências da Palavra de Deus; a liberdade diante de certezas adquiridas; a verificação constante com a vida cotidiana; e a importância de um acompanhamento adequado.

A fundamental referência à Palavra e à Igreja

105. O discernimento, enquanto *"procedimento interior* que se enraíza em um *ato de fé"* (Francisco, *Discurso na primeira Congregação Geral da XV Assembleia Geral Ordinária do Sínodo dos Bispos*, 3/10/2018), remete constitutivamente à Igreja, cuja missão é fazer com que cada homem e mulher encontrem o Senhor que já age na sua vida e no seu coração.

O contexto da comunidade eclesial favorece um clima de confiança e liberdade na busca da própria vocação, em um ambiente de meditação e de oração; oferece oportunidades concretas para a releitura da história pessoal e a descoberta dos próprios dons e das nossas vulnerabilidades, à luz da Palavra de Deus; permite confrontar-se com testemunhas que encarnam diferentes opções de vida. Também o encontro com os pobres estimula o aprofundamento do que é essencial na existência, enquanto os sacramentos – de modo particular a Eucaristia e a Reconciliação – alimentam e amparam quem se põe à procura da vontade de Deus.

O horizonte comunitário é suposto sempre em todo o discernimento, que nunca se pode reduzir à mera dimensão individual. Ao mesmo tempo, todo o discernimento pessoal interpela a comunidade, instando-a a colocar-se à escuta daquilo que o Espírito lhe sugere através da experiência espiritual dos seus membros: a própria Igreja, como cada fiel, vive sempre em discernimento.

A consciência em discernimento

Deus fala ao coração

106. O discernimento chama a atenção para tudo aquilo que acontece no coração de cada homem e mulher. Nos textos bíblicos, emprega-se o termo "coração" para indicar o ponto central da interioridade da pessoa, onde a escuta da Palavra, que Deus lhe dirige constantemente, se torna critério para avaliar a vida e as decisões (Sl 139). A Bíblia, ao mesmo tempo em que tem em conta a dimensão pessoal, ressalta a comunitária. Mesmo o "coração novo" prometido pelos profetas não é um dom individual, mas diz respeito a todo Israel, em cuja tradição e história salvífica está inserido o fiel (Ez 36,26-27). Os Evangelhos prosseguem na mesma linha: Jesus insiste na importância da interioridade e situa, no coração, o centro da vida moral (Mt 15,18-20).

A ideia cristã de consciência

107. O apóstolo Paulo enriquece aquilo que a tradição bíblica elaborou a propósito do coração, colocando-o em relação com o termo "consciência", que adota da cultura do seu tempo. É na consciência que se apreende o fruto do encontro e comunhão com Cristo: uma transformação salvífica e o acolhimento de uma nova liberdade. A tradição cristã insiste na consciência como lugar privilegiado de uma intimidade especial com Deus e de encontro com ele, onde a sua voz se faz ouvir: "A consciência é o centro mais secreto e o sacrário do homem, no qual se encontra a sós com Deus, cuja voz se faz ouvir na intimidade do seu ser" (*Gaudium et spes*, n. 16). Esta consciência não coincide com o sentir imediato e superficial, nem com a "percepção de si mesmo": atesta uma presença transcendente, que cada um encontra na sua própria interioridade, mas de que não pode dispor.

A formação da consciência

108. Formar a consciência é o caminho da vida inteira, ao longo do qual se aprende a cultivar os mesmos sentimentos de Jesus Cristo, assumindo os critérios das suas opções e as intenções do seu agir (Fl 2,5). Para chegar à dimensão mais profunda da consciência é importante, segundo a visão cristã, a solicitude pela interioridade que inclui, antes de tudo, tempos de silêncio, contemplação orante e escuta da Palavra, o suporte da prática sacramental e do ensinamento da Igreja. Além disso, é necessária a prática habitual do bem, verificada no exame de consciência: um exercício no qual não se trata apenas de identificar os pecados, mas também de reconhecer a obra de Deus na própria experiência cotidiana, nas vicissitudes da história e das culturas onde se está inserido, no testemunho de numerosos homens e mulheres que nos precederam ou acompanham com a sua sabedoria. Tudo isto ajuda a crescer na virtude da prudência, articulando a orientação global da existência com as decisões concretas, na consciência serena dos próprios dons e dos limites. Na sua oração, o jovem Salomão pediu este dom acima de qualquer outra coisa (1Rs 3,9).

A consciência eclesial

109. A consciência de cada fiel, na sua dimensão mais pessoal, está sempre relacionada com a consciência eclesial. É só através da mediação da Igreja e da sua tradição de fé que podemos ter acesso à verdadeira face de Deus, que se revela em Jesus Cristo. Por conseguinte, o discernimento espiritual apresenta-se como o esforço sincero da consciência por conhecer o bem possível sobre cuja base possa decidir-se responsavelmente no correto exercício da razão prática, no âmbito e à luz da relação pessoal com o Senhor Jesus.

A prática do discernimento

Familiaridade com o Senhor

110. O discernimento, enquanto encontro com o Senhor que se torna presente na intimidade do coração, pode ser entendido como autêntica forma de oração. Por isso, exige tempos propícios de recolhimento, quer na regularidade da vida diária, quer em ocasiões privilegiadas, como retiros, exercícios espirituais, peregrinações etc. Um discernimento sério alimenta-se de todas as ocasiões de encontro com o Senhor e de aprofundamento da familiaridade com ele, nas várias formas pelas quais se torna presente: os sacramentos, particularmente a Eucaristia e a Reconciliação; a escuta e meditação da Palavra de Deus; a *Lectio divina* na comunidade; a experiência fraterna da vida comum; e o encontro com os pobres, com os quais o Senhor Jesus se identifica.

As disposições do coração

111. Abrir-se à escuta da voz do Espírito exige disposições interiores específicas: a primeira é a atenção do coração, favorecida por um silêncio e um despojamento que requerem ascese. Igualmente fundamentais são a consciência, a aceitação de si mesmo e o arrependimento, juntamente com a disponibilidade para pôr em ordem a própria vida, abandonando aquilo que possa servir de obstáculo, e readquirir a liberdade interior necessária para tomar decisões guiados apenas pelo Espírito Santo. Um bom discernimento exige também atenção aos movimentos do próprio coração, crescendo na capacidade de os reconhecer e chamar pelo seu nome. Por último, o discernimento requer a coragem de se empenhar na luta espiritual, pois não deixarão de se manifestar tentações e obstáculos, que o maligno coloca no nosso caminho.

O diálogo de acompanhamento

112. As diferentes tradições espirituais concordam que um bom discernimento exige o encontro regular de acompanhamento espiritual. Comunicar de maneira autêntica e pessoal as próprias experiências favorece o seu esclarecimento. Ao mesmo tempo, o acompanhador assume uma função essencial de confronto externo, tornando-se mediador da presença materna da Igreja. Trata-se de uma tarefa delicada, que já foi abordada no capítulo anterior.

Decisão e confirmação

113. O discernimento, como dimensão do estilo de vida de Jesus e dos seus discípulos, torna possível seguir processos concretos que façam sair da indeterminação, assumindo a responsabilidade da decisão. Por isso, os processos de discernimento não podem durar indefinidamente, tanto nos casos de percursos pessoais como nos comunitários e institucionais. À decisão segue-se a fase, igualmente fundamental, da implementação e avaliação na vida diária, para a qual será indispensável prosseguir com uma fase de escuta atenta das ressonâncias interiores para compreender a voz do Espírito. Nesta fase, tem especial importância a leitura da vida concreta. E aqui várias tradições espirituais salientam, de modo particular, o valor da vida fraterna e do serviço aos pobres como prova real das decisões tomadas e lugar onde a pessoa se revela plenamente.

PARTE III

"NAQUELA MESMA HORA, VOLTARAM"

114. "Disseram, então, um ao outro: 'Não nos ardia o coração quando ele nos falava pelo caminho e nos explicava as Escrituras?' Levantando-se, voltaram imediatamente para Jerusalém e encontraram reunidos os Onze e os seus companheiros, que lhes disseram: 'Realmente o Senhor ressuscitou e apareceu a Simão!' E eles contaram o que lhes tinha acontecido pelo caminho e como Jesus se lhes dera a conhecer ao partir o pão" (Lc 24,32-35).

Da escuta da Palavra passa-se à alegria de um encontro que enche o coração, dá sentido à existência e infunde nova energia. Os rostos iluminam-se e retoma-se com vigor o caminho: é a luz e a força da resposta vocacional que se faz missão a favor da comunidade e do mundo inteiro. Sem demora e sem medo, os discípulos retornam sobre os seus passos para ir ter com os irmãos e testemunhar o seu encontro com Jesus ressuscitado.

Uma Igreja jovem

Um ícone de ressurreição
115. Em continuidade com a inspiração pascal de Emaús, o ícone de Maria Madalena (Jo 20,1-18) ilumina

o caminho que a Igreja quer percorrer com os jovens e para os jovens como fruto deste Sínodo: um caminho de ressurreição, que leva ao anúncio e à missão. Habitada por um profundo desejo do Senhor, desafiando as trevas da noite, Maria Madalena corre ao encontro de Pedro e do outro discípulo; o seu movimento desencadeia o deles, a sua dedicação feminina antecipa a vereda dos apóstolos, abrindo-lhes o caminho. Na madrugada daquele dia, o primeiro da semana, chega a surpresa do encontro: Maria procurou porque amava, mas encontra porque é amada. O Ressuscitado dá-se a conhecer, chamando-a pelo nome, e pede-lhe que não o detenha, porque o seu Corpo Ressuscitado não é um tesouro a reter, mas um Mistério a partilhar. Deste modo, torna-se a primeira discípula missionária, a apóstola dos apóstolos. Curada das suas feridas (Lc 8,2) e testemunha da ressurreição, é a imagem da Igreja jovem que sonhamos.

Caminhando com os jovens

116. A paixão de buscar a verdade, a maravilha à vista da beleza do Senhor, a capacidade de partilhar e a alegria do anúncio habitam, também hoje, no coração de muitos jovens que são membros vivos da Igreja. Por conseguinte, não se trata simplesmente de fazer algo "por eles", mas de viver em comunhão "com eles", crescendo juntos na compreensão do Evangelho e na busca das formas mais autênticas para o viver e testemunhar. A participação responsável dos jovens na vida da Igreja não é facultativa, mas constitui uma exigência da vida batismal e um elemento indispensável para a vida de cada comunidade. As dificuldades e fragilidades dos jovens ajudam-nos a ser melhores, as suas perguntas nos desafiam as suas dúvidas interpelam-nos sobre a qualidade da nossa fé. E precisamos também das suas críticas, porque, não raro, é através delas que ouvimos a voz do Senhor que nos pede a conversão do coração e a renovação das estruturas.

O desejo de alcançar todos os jovens

117. No Sínodo, ao questionar-nos sobre os jovens, sempre tivemos em mente não só aqueles que fazem parte da Igreja e participam ativamente nela, mas também todos aqueles que têm outras visões da vida, professam outras crenças ou se declaram alheios ao horizonte religioso. Todos os jovens, sem exceção, estão no coração de Deus e, consequentemente, também no coração da Igreja. Francamente, porém, temos de reconhecer que nem sempre esta afirmação, que ressoa nos nossos lábios, encontra expressão efetiva na nossa ação pastoral: muitas vezes permanecemos fechados nos nossos ambientes, onde a voz dos outros não chega, ou dedicamo-nos a atividades menos exigentes e mais gratificantes, sufocando aquela saudável inquietação pastoral que nos leva a sair das nossas presumíveis seguranças. E, todavia, o Evangelho pede-nos que ousemos; e queremos fazê-lo sem presunção nem proselitismo, dando testemunho do amor do Senhor e estendendo a mão aos jovens do mundo inteiro.

Conversão espiritual, pastoral e missionária

118. O Papa Francisco recorda-nos, com frequência, que isto não é possível sem um sério caminho de conversão.

Estamos cientes de que não se trata unicamente de dar origem a novas atividades, nem queremos redigir "planos apostólicos expansionistas, meticulosos e bem traçados, típicos de generais derrotados" (Francisco, *Evangelii gaudium*, n. 96). Sabemos que, para que tenhamos credibilidade, devemos realizar uma reforma da Igreja que implique a purificação do coração e mudanças de estilo de vida. A Igreja deve realmente se deixar moldar pela Eucaristia, que celebra como ápice e fonte da sua vida: tomar a forma daquele pão, feito a partir de muitas espigas e partido para a vida do mundo. O fruto deste Sínodo, a opção que o Espírito nos inspirou através da escuta e do discernimento, é caminhar com os jovens, indo ao encontro de todos para lhes testemunhar o amor de Deus. Podemos descrever este processo com a expressão "colegialidade da missão", ou seja, sinodalidade missionária: "O estabelecimento de uma Igreja sinodal é pressuposto indispensável para um novo impulso missionário que envolva todo o Povo de Deus".[1] Trata-se da profecia do

---

[1] Comissão Teológica Internacional, *A sinodalidade na vida e na missão da Igreja* (2/3/2018), n. 9. E, no número 64, o mesmo documento ilustra a natureza da sinodalidade nestes termos: "A dimensão sinodal da Igreja expressa o caráter de sujeito ativo de todos os batizados e, ao mesmo tempo, o papel específico do ministério episcopal em comunhão colegial e hierárquica com o Bispo de Roma. Esta visão eclesiológica convida a explanar a comunhão sinodal entre 'todos', 'alguns' e 'um'. Em diferentes níveis e de várias formas, no plano das Igrejas particulares, no plano do seu agrupamento em âmbito regional e no plano da Igreja universal, a sinodalidade implica o exercício do *sensus fidei* da *universitas fidelium* (todos), o ministério de guia do colégio dos Bispos, cada um com o seu presbitério (alguns), e o ministério de unidade do Bispo e do Papa (um). Deste modo, aparecem conjugados, na dinâmica sinodal, o aspecto comunitário que inclui todo o Povo de Deus, a dimensão colegial relativa ao exercício do ministério episcopal e o ministério do primado do Bispo de Roma. Esta correlação promove aquela *singularis conspiratio* entre os fiéis e os Pastores que é ícone da *conspiratio* eterna vivida na Santíssima Trindade".

Concílio Vaticano II, que ainda não assumimos em toda a sua profundidade, nem desenvolvemos nas suas implicações cotidianas, um dever a que nos chamou o Papa Francisco quando disse: "O caminho da *sinodalidade* é precisamente o caminho que Deus espera da Igreja do terceiro milênio" (FRANCISCO, *Discurso na comemoração do cinquentenário da instituição do Sínodo dos Bispos*, 17/10/2015). Estamos persuadidos de que esta opção, fruto de oração e diálogo, permitirá à Igreja, pela graça de Deus, ser e manifestar-se mais claramente como a "juventude do mundo".

Capítulo I

A SINODALIDADE MISSIONÁRIA DA IGREJA

Um dinamismo constitutivo

Os jovens nos pedem para caminhar juntos

119. No momento em que escolheu ocupar-se dos jovens neste Sínodo, a Igreja no seu conjunto fez uma opção muito concreta: considera esta missão uma prioridade pastoral histórica, na qual deve investir tempo, energias e recursos. Desde o início do caminho de preparação, os jovens manifestaram o desejo de ser envolvidos, valorizados e sentir-se coprotagonistas da vida e missão da Igreja. Neste Sínodo, experimentamos que a corresponsabilidade vivida com os jovens cristãos é fonte de profunda alegria também para os bispos. Reconhecemos, nesta experiência, um fruto do Espírito que não cessa de renovar a Igreja e a chama a praticar a sinodalidade como forma de ser e agir, promovendo a participação de todos os batizados e pessoas de boa vontade, cada um de acordo com a própria idade, estado de vida e vocação. Neste Sínodo, experimentamos como a colegialidade, que une os bispos *cum Petro et sub Petro* na solicitude pelo Povo de Deus, é chamada a articular-se e enriquecer-se através da prática da sinodalidade em todos os níveis.

O processo sinodal continua

120. A conclusão dos trabalhos da Assembleia e o documento que recolhe os seus frutos não encerram o processo sinodal, mas constituem uma etapa dele. Dado que as condições concretas, as possibilidades reais e as necessidades mais urgentes dos jovens variam muito de país para país e de continente para continente, não obstante a comunhão da única fé, convidamos as Conferências Episcopais e as Igrejas particulares a continuarem este percurso, empenhando-se em processos de discernimento comunitário que incluam nas suas deliberações – como fez este Sínodo – também aqueles que não são bispos. O estilo destes percursos eclesiais deve abranger a escuta fraterna e o diálogo intergeracional, com a finalidade de elaborar orientações pastorais particularmente atentas aos jovens marginalizados e àqueles que têm pouco ou nenhum contato com as comunidades eclesiais. Desejamos que nestes percursos participem famílias, institutos religiosos, associações, movimentos e os próprios jovens, de tal maneira que se propague a "chama" daquilo que experimentamos nestes dias.

A forma sinodal da Igreja

121. A experiência vivida tornou os participantes sinodais cientes da importância que uma forma sinodal da Igreja tem para o anúncio e a transmissão da fé. A participação dos jovens contribuiu para "despertar" a sinodalidade, que é uma "dimensão constitutiva da Igreja. [...] Como diz São João Crisóstomo, 'Igreja e Sínodo são sinônimos', pois a Igreja nada mais é do que este 'caminhar juntos' do

Rebanho de Deus pelas sendas da história ao encontro de Cristo Senhor" (FRANCISCO, *Discurso na comemoração do cinquentenário da instituição do Sínodo dos Bispos*, 17/10/2015). A sinodalidade tanto caracteriza a vida como a missão da Igreja, que é o Povo de Deus – formado por jovens e idosos, homens e mulheres de todas as culturas e contextos – e o Corpo de Cristo, no qual somos membros uns dos outros, a começar pelas pessoas marginalizadas e exploradas. No Sínodo, durante a troca de reflexões e através dos testemunhos, sobressaíram alguns traços fundamentais do estilo sinodal a que somos chamados a converter-nos.

122. É nas relações com Cristo, com os outros, na comunidade que se transmite a fé. Tendo em vista também a missão, a Igreja é chamada a assumir uma face relacional, que coloque no centro a escuta, o acolhimento, o diálogo e o discernimento comum, em um percurso que transforme a vida de quem nele participa. "Uma Igreja sinodal é uma Igreja da escuta, ciente de que escutar 'é mais do que ouvir'. É uma escuta recíproca, onde cada um tem algo a aprender. Povo fiel, Colégio episcopal, Bispo de Roma: cada um à escuta dos outros; e todos à escuta do Espírito Santo, o 'Espírito da verdade' (Jo 14,17), para conhecer aquilo que ele 'diz às Igrejas' (Ap 2,7)" (FRANCISCO, *Discurso na comemoração do cinquentenário da instituição do Sínodo dos Bispos*, 17/10/2015). Deste modo, a Igreja apresenta-se como "tenda da reunião" onde se conserva a Arca da Aliança (Ex 25): uma Igreja dinâmica e em movimento, que acompanha caminhando, fortalecida por numerosos carismas e ministérios. É assim que Deus se faz presente neste mundo.

Uma Igreja participativa e corresponsável

123. Um traço característico deste estilo de Igreja é a valorização – através de um dinamismo de corresponsabilidade – dos carismas que o Espírito concede a cada um dos membros dela, em conformidade com a respectiva vocação e papel. Para ativar tal dinamismo, torna-se necessária uma conversão do coração e uma disponibilidade para a escuta recíproca, que crie efetivamente um sentir comum. Animados por este espírito, poderemos avançar para uma Igreja participativa e corresponsável, capaz de valorizar a riqueza da variedade que a compõe, acolhendo com gratidão também a contribuição dos fiéis leigos, incluindo os jovens e as mulheres, a da vida consagrada feminina e masculina e a dos grupos, associações e movimentos. Ninguém deve ser colocado nem deixado colocar-se à margem. Esta é a maneira para evitar tanto o clericalismo, que exclui muitos fiéis dos processos decisórios, como a clericalização dos leigos, que, em vez de os projetar para o compromisso missionário no mundo, os restringe.

O Sínodo pede para tornar efetiva e habitual a participação ativa dos jovens nos lugares de corresponsabilidade das Igrejas particulares, assim como nos organismos das Conferências Episcopais e da Igreja universal. Além disso, pede que, no Dicastério para os Leigos, a Família e a Vida, se reforce a ação do Gabinete da Juventude inclusive através da constituição de um organismo de representação dos jovens em âmbito internacional.

Processos de discernimento comunitário

124. A experiência de "caminhar juntos" como Povo de Deus ajuda a compreender cada vez melhor o sentido da autoridade em uma ótica de serviço. Requer-se dos pastores a capacidade para fazer crescer a colaboração no testemunho e na missão e acompanhar processos de discernimento comunitário a fim de interpretar os sinais dos tempos à luz da fé e sob a orientação do Espírito, com a contribuição de todos os membros da comunidade, a começar por quem está marginalizado. Para possuir tal capacidade, as lideranças eclesiais têm necessidade de uma formação específica para a sinodalidade. Deste ponto de vista, parece promissor estruturar percursos formativos comuns entre jovens leigos, jovens religiosos e seminaristas, particularmente em temáticas como o exercício da autoridade ou o trabalho em equipe.

Um estilo para a missão

A comunhão missionária

125. A vida sinodal orienta-se essencialmente para a missão, pois a Igreja é "o sacramento, ou sinal, e o instrumento da íntima união com Deus e da unidade de todo o gênero humano" (*Lumen gentium*, n. 1), até o dia em que Deus se tornar "tudo em todos" (1Cor 15,28). Abertos ao Espírito, os jovens podem ajudar a Igreja a concretizar a passagem pascal de saída "do 'eu' entendido de maneira individualista rumo ao 'nós' eclesial, no qual a pessoa individual, estando revestida de Cristo (Gl 2,20), vive e caminha com os irmãos e irmãs, como sujeito responsável e ativo na única missão do Povo de Deus" (COMISSÃO TEOLÓGICA INTERNACIONAL, *A sinodalidade na vida e na missão da Igreja*, 2/3/2018, n. 107). A mesma passagem, por impulso do Espírito e sob a orientação dos pastores, deve verificar-se na comunidade cristã, chamada a sair da autorreferencialidade do "eu" da sua autoconservação para o serviço da construção de um "nós" inclusivo de toda a família humana e da criação inteira.

Uma missão em diálogo

126. Esta dinâmica fundamental tem consequências concretas no modo de realizar a missão junto aos jovens, já que requer instaurar, com ousadia e sem abdicações, um diálogo com todos os homens e mulheres de boa vontade. Como afirmou São Paulo VI, "a Igreja faz-se palavra; a Igreja faz-se mensagem; a Igreja faz-se colóquio" (*Ecclesiam suam*, n. 38 [67]). Em um mundo marcado pela diversidade dos povos e pela variedade das culturas, é fundamental "caminhar juntos" para conferir credibilidade e efetividade às iniciativas de solidariedade, integração, promoção da justiça, e para mostrar em que consiste uma cultura do encontro e da gratuidade.

São precisamente os jovens que, vivendo todos os dias em contato com seus coetâneos de outras confissões cristãs, religiões, crenças e culturas, estimulam toda a comunidade cristã a viver o ecumenismo e o diálogo inter-religioso. Para isso, requer-se a coragem da franqueza no falar e a coragem da humildade no escutar, assumindo a ascese – e, por vezes, o martírio – que isso implica.

Rumo às periferias do mundo

127. A prática do diálogo e a busca de soluções compartilhadas constituem claramente uma prioridade em uma época em que os sistemas democráticos – desafiados pelo baixo nível de participação dos cidadãos e pela influência desproporcional de pequenos grupos de interesses sem o respaldo da população – correm o perigo de tendências reducionistas, tecnocráticas e autoritárias. A fidelidade ao Evangelho orientará este diálogo, procurando a maneira de dar resposta ao duplo clamor dos pobres e da terra (FRANCISCO, *Laudato si'*, n. 49), em relação aos quais os jovens demonstram particular sensibilidade, inserindo nos processos sociais a inspiração dos princípios da doutrina social: a dignidade da pessoa, o destino universal dos bens, a opção preferencial pelos pobres, o primado da solidariedade, a atenção à subsidiariedade, o cuidado da casa comum. Nenhuma vocação no seio da Igreja pode situar-se fora deste dinamismo comunitário de saída e de diálogo; por isso, todo o esforço de acompanhamento há de ser avaliado segundo este horizonte, reservando uma atenção privilegiada aos mais pobres e vulneráveis.

Capítulo II

CAMINHANDO JUNTOS
DIA A DIA

Das estruturas às relações

Do delegar ao participar

128. A sinodalidade missionária não se aplica apenas à Igreja no âmbito universal. A exigência de caminhar juntos, oferecendo um testemunho de fraternidade efetivo em uma vida comunitária renovada e mais evidente, refere-se em primeiro lugar a cada comunidade individualmente. Por isso, é necessário despertar, em cada realidade local, a consciência de que somos Povo de Deus, responsável pela encarnação do Evangelho nos vários contextos e no âmbito de todas as situações da vida cotidiana. Isto exige que abandonemos a lógica da delegação que tanto condiciona a ação pastoral.

Podemos referir-nos, por exemplo, aos percursos catequéticos de preparação para os sacramentos, uma tarefa que muitas famílias delegam inteiramente à paróquia. Esta mentalidade tem como consequência que os adolescentes correm o risco de conceber a fé não como uma realidade que ilumina a vida de todos os dias, mas como um conjunto de noções e regras que pertence a um âmbito separado da sua existência. Pelo contrário, é necessário caminhar juntos: a paróquia precisa da família para fazer com que os jovens experimentem a realidade cotidiana da fé; em contrapartida, a família tem necessidade do ministério dos catequistas e da estrutura paroquial para oferecer aos filhos uma visão mais orgânica do cristianismo, introduzi-los na comunidade e abri-los a horizontes mais amplos. Por isso, não é suficiente dispor de estruturas; é preciso que nelas se desenvolvam relações autênticas; efetivamente é a qualidade de tais relações que evangeliza.

A renovação da paróquia

129. A paróquia está necessariamente envolvida neste processo, para assumir a forma de uma comunidade mais gerativa, um ambiente de onde irradia a missão em prol dos últimos. Nesta particular conjuntura histórica, surgem vários sinais que testemunham que a paróquia, em vários casos, não consegue corresponder às exigências espirituais dos homens do nosso tempo, sobretudo por causa de alguns fatores que modificaram profundamente os estilos de vida das pessoas. Com efeito, vivemos em uma cultura "sem confins", marcada por uma nova relação espaçotemporal, inclusive em virtude da comunicação digital, e caracteriza-da por uma mobilidade contínua. Neste contexto, uma visão da ação paroquial delimitada unicamente pelas fronteiras territoriais e incapaz de cativar com propostas diversificadas os fiéis, particularmente os jovens, encerraria a paróquia em um imobilismo inaceitável e em uma preocupante repetição pastoral. Por conseguinte, é necessário repensar pastoral-mente a paróquia, em uma lógica de corresponsabilidade eclesial e de impulso missionário, desenvolvendo sinergias no território. Só assim ela poderá figurar-se como um ambiente significativo que cativa a vida dos jovens.

Estruturas abertas e decifráveis

130. Na mesma linha de maior abertura e partilha, é importante que cada uma das comunidades se questione para averiguar se os estilos de vida e o uso das estruturas transmitem aos jovens um testemunho legível do Evangelho. A vida particular de muitos padres, freiras, religiosos e bispos é, sem dúvida, sóbria e devotada ao povo; contudo, é quase invisível para a maioria das pessoas, principalmente para os jovens. Muitos deles acham que o nosso mundo eclesial é difícil de decifrar; são mantidos à distância pelas funções que desempenhamos e pelos estereótipos que as acompanham. Façamos com que a nossa vida cotidiana, em todas as suas expressões, seja mais acessível. A proximidade efetiva, a partilha de espaços e atividades criam as condições para uma comunicação autêntica, livre de preconceitos. Foi desta maneira que Jesus anunciou o Reino e é por este caminho que, ainda hoje, o seu Espírito nos impulsiona.

A vida comunitária

Um mosaico de rostos

131. Uma Igreja sinodal e missionária manifesta-se através de comunidades locais habitadas por muitos rostos. Desde os primórdios, a Igreja não adotou uma forma rígida e homogênea, mas desenvolveu-se como um poliedro de pessoas com sensibilidades, origens e culturas diferentes. Foi precisamente assim que mostrou trazer, nos vasos de barro da fragilidade humana, o tesouro incomparável da vida trinitária. A harmonia, que é o dom do Espírito, não suprime as diferenças, mas concilia-as gerando uma riqueza sinfônica. Este encontro de distintas pessoas na única fé constitui a condição fundamental para a renovação pastoral das nossas comunidades. Isto se reflete no anúncio, na celebração e no serviço, ou seja, nos âmbitos essenciais da pastoral ordinária. Diz a sabedoria popular que "é preciso uma aldeia inteira para educar uma criança"; hoje este princípio é válido para todos os âmbitos da pastoral.

A comunidade no território

132. A criação efetiva de uma comunidade com muitos rostos reflete-se também na inserção no território, na abertura ao tecido social e no encontro com as instituições civis. Somente uma comunidade unida e plural pode propor-se de maneira aberta e levar a luz do Evangelho aos âmbitos da vida social que hoje nos desafiam: a questão ecológica, o trabalho, o apoio à família, a marginalização, a renovação da política, o pluralismo cultural e religioso, o caminho para a justiça e a paz, o ambiente digital. Isto já se verifica no âmbito das associações e movimentos eclesiais. Os jovens pedem-nos que não enfrentemos estes desafios sozinhos e que dialoguemos com todos, não para receber uma fatia do poder, mas a fim de contribuir para o bem comum.

Querigma e catequese

133. O anúncio de Jesus Cristo, morto e ressuscitado, que nos revelou o Pai e nos concedeu o Espírito, é vocação fundamental da comunidade cristã. Deste anúncio faz parte o convite aos jovens para reconhecerem na sua vida os sinais do amor de Deus e descobrirem a comunidade como lugar de encontro com Cristo. Este anúncio constitui o fundamento – que deve ser sempre renovado – da catequese dos jovens, conferindo-lhe caráter querigmático (Francisco, *Evangelii gaudium*, n. 164). Há que manter vivo o compromisso de oferecer itinerários contínuos e orgânicos que saibam integrar: um conhecimento vivo de Jesus Cristo e do seu Evangelho, a capacidade de ler na fé a experiência pessoal e os acontecimentos da história, um acompanhamento na oração e na celebração da liturgia, a introdução à *Lectio divina* e o apoio ao testemunho da caridade e à promoção da justiça, propondo, assim, uma autêntica espiritualidade juvenil.

Que os itinerários catequéticos mostrem a íntima conexão da fé com a experiência concreta de todos os dias, com o mundo dos sentimentos e dos vínculos, com as alegrias e as desilusões experimentadas no estudo e no trabalho; saibam integrar a doutrina social da Igreja; estejam abertos às linguagens da beleza, da música e das diferentes expressões artísticas, assim como às formas da comunicação digital. É preciso ter em consideração as dimensões da corporeidade, da afetividade e da sexualidade, dado que existe uma profunda ligação entre educação para a fé e educação para o amor. Em síntese, a fé deve ser entendida como uma prática, ou seja, como uma forma de habitar o mundo.

Na catequese dos jovens, urge renovar o empenho quanto às linguagens e metodologias, mas sem nunca perder de vista o essencial, ou seja, o encontro com Cristo, que constitui o coração da catequese. Merecem apreço *YouCat, DoCat* e instrumentos semelhantes, sem esquecer os catecismos produzidos pelas várias Conferências Episcopais. Torna-se necessário também um renovado empenho a favor dos catequistas, que muitas vezes são jovens a serviço de outros jovens, praticamente seus coetâneos; é importante cuidar adequadamente da sua formação e fazer com que o seu ministério seja mais bem reconhecido pela comunidade.

A centralidade da liturgia

134. A celebração eucarística é geradora da vida da comunidade e da sinodalidade da Igreja: lugar de transmissão da fé e de formação para a missão, onde se torna evidente que a comunidade vive, não da obra de suas mãos, mas da graça. Com as palavras da tradição oriental, podemos afirmar que a liturgia é encontro com o Servo Divino, que enfaixa as nossas feridas e prepara, para nós, o banquete pascal, enviando-nos a fazer o mesmo com os nossos irmãos e irmãs. Portanto, é preciso reafirmar com clareza que o compromisso de celebrar com nobre simplicidade e com o envolvimento dos vários ministérios laicais constitui um momento essencial da conversão missionária da Igreja. Os jovens mostraram que são capazes de apreciar e viver com intensidade celebrações autênticas, nas quais a beleza dos sinais, o cuidado da pregação e o envolvimento comunitário falam realmente de Deus. Por conseguinte, é necessário favorecer a sua participação ativa, mas mantendo viva a admiração pelo Mistério; ir ao encontro da sua sensibilidade musical e artística, mas ajudá-los a compreender que a liturgia não é puramente expressão de nós próprios, mas ação de Cristo e da Igreja. É igualmente importante acompanhar os jovens na descoberta do valor da adoração eucarística como prolongamento da celebração, durante a qual vive-se a contemplação e a oração silenciosa.

135. Nos percursos da fé, tem grande importância também a prática do sacramento da Reconciliação. Os jovens têm necessidade de se sentir amados, perdoados, reconciliados, e têm uma secreta nostalgia do abraço misericordioso do Pai. Por isso, é fundamental que os sacerdotes manifestem uma disponibilidade generosa para a celebração deste sacramento. As celebrações penitenciais comunitárias ajudam os jovens a aproximar-se da confissão individual e tornam mais explícita a dimensão eclesial deste sacramento.

136. Em muitos contextos, a piedade popular desempenha um importante papel no acesso dos jovens à vida de fé de maneira prática, sensível e imediata. Valorizando a linguagem do corpo e a participação afetiva, a piedade popular traz consigo o desejo de entrar em contato com o Deus que salva, frequentemente através da mediação da Mãe de Deus e dos Santos.

Para os jovens, a peregrinação constitui uma experiência de viagem que se torna metáfora da vida e da Igreja: assim, na contemplação da beleza da criação e da arte, na vivência da fraternidade e na oração que os une ao Senhor, veem aflorar as melhores condições do discernimento.

A generosidade da diaconia

137. Os jovens podem contribuir para renovar o estilo das comunidades paroquiais, construindo uma comunidade fraterna e próxima dos pobres. Os pobres, os jovens abandonados, os mais atribulados podem tornar-se o princípio de renovação da comunidade. Devem ser reconhecidos como sujeitos da evangelização e ajudam-nos a libertar-nos do mundanismo espiritual. Os jovens são com frequência sensíveis à dimensão da *diakonia*, do serviço. Muitos estão comprometidos ativamente no voluntariado e descobrem no serviço o caminho para encontrar o Senhor. Assim, a dedicação aos últimos torna-se realmente uma prática da fé, na qual se aprende aquele amor "perdido" que se acha no cerne do Evangelho e está no fundamento de toda a vida cristã. Os pobres, os humildes, os doentes, os idosos são a carne de Cristo sofredor: por isso, colocar-se a serviço deles é um meio para encontrar o Senhor e um espaço privilegiado para o discernimento da própria vocação. Em vários contextos, exige-se uma abertura particular aos migrantes e aos refugiados. Em conjunto com eles, é preciso trabalhar para o seu acolhimento, proteção, promoção e integração. A inclusão social dos pobres faz da Igreja a casa da caridade.

Pastoral juvenil em ótica vocacional

A Igreja, um lar para os jovens

138. Para os jovens, só será significativa e atraente uma pastoral capaz de se renovar a partir do cuidado das relações e da qualidade da comunidade cristã. Assim, a Igreja poderá aparecer aos olhos deles como um lar acolhedor, caracterizado por um clima familiar feito de confiança. O desejo de fraternidade, muitas vezes assomado na escuta sinodal dos jovens, pede que a Igreja seja "uma casa para muitos, uma mãe para todos" (FRANCISCO, *Evangelii gaudium*, n. 288): a pastoral tem o dever de realizar, na história, a maternidade universal da Igreja através de gestos concretos e proféticos de acolhimento alegre e cotidiano que fazem dela uma casa para os jovens.

A animação vocacional da pastoral

139. A vocação constitui o fulcro em volta do qual se integram todas as dimensões da pessoa. Tal princípio não se refere unicamente a cada um dos fiéis, mas também à pastoral no seu conjunto. Por isso, é muito importante deixar claro que toda a pastoral pode encontrar um princípio unificador apenas na dimensão vocacional, porque nesta encontra a sua origem e realização. Por conseguinte, no caminho de conversão pastoral em curso, não se pede para reforçar a pastoral vocacional como setor separado e independente, mas sim para animar toda a pastoral da Igreja, apresentando efetivamente a multiplicidade das vocações. Com efeito, a finalidade da pastoral é ajudar todos e cada um, através de um caminho de discernimento, a chegar à "medida completa de plenitude de Cristo" (Ef 4,13).

Uma pastoral vocacional para os jovens

140. Desde o início do caminho sinodal, sobressaiu a necessidade de qualificar vocacionalmente a pastoral dos jovens. Deste modo emergem as duas características indispensáveis de uma pastoral destinada às jovens gerações: é "jovem", porque os seus destinatários estão naquela idade singular e irrepetível da vida que é a juventude; é "vocacional", porque a juventude é a época privilegiada das escolhas de vida e da resposta ao chamado de Deus. O caráter vocacional da pastoral dos jovens deve-se entender em sentido não exclusivo mas sim intensivo. Deus chama em todas as idades da vida – desde o seio materno até a velhice –, mas a juventude é o tempo privilegiado da escuta, disponibilidade e aceitação da vontade de Deus.

O Sínodo propõe que, no âmbito de Conferência Nacional Episcopal, se prepare um "Diretório de Pastoral da Juventude" em chave vocacional, que possa ajudar os líderes diocesanos e os responsáveis locais a qualificar a sua formação e ação com os jovens e para os jovens.

Da fragmentação à integração

141. Embora reconhecendo que o planejamento dos setores pastorais é necessária a fim de evitar a improvisação, em várias ocasiões os Padres sinodais expressaram a contrariedade que sentem diante de certa fragmentação da pastoral da Igreja. Em particular, referiram-se às várias pastorais que dizem respeito aos jovens: pastoral da juventude, familiar, vocacional, escolar e universitária, social, cultural, caritativa, do tempo livre etc. A multiplicação de serviços muito especializados, mas às vezes separados, não favorece a importância da proposta cristã. Em um mundo fragmentado que produz dispersão e multiplica as afiliações, os jovens têm necessidade de ser ajudados a unificar a vida, lendo em profundidade as experiências cotidianas e fazendo discernimento. Se tal for a prioridade, será preciso desenvolver maior coordenação e integração entre os vários âmbitos, passando de um trabalho por "departamentos" a um trabalho por "projetos".

A frutuosa relação entre os eventos e a vida cotidiana

142. Durante o Sínodo, em várias ocasiões, falou-se da Jornada Mundial da Juventude e de muitos outros eventos que têm lugar em âmbito continental, nacional e diocesano, a que se vêm juntar as atividades organizadas por associações, movimentos, congregações religiosas e outras entidades eclesiais. Tais momentos de encontro e partilha são quase unanimemente apreciados, porque oferecem a possibilidade de caminhar na lógica da peregrinação, experimentar a fraternidade com todos, partilhar alegremente a fé e crescer na pertença à Igreja. Para muitos jovens, foi uma experiência de transfiguração, na qual sentiram a beleza da face do Senhor e fizeram importantes escolhas de vida. Os melhores frutos destas experiências recolhem-se na vida cotidiana. Por isso, torna-se importante planejar e realizar esses eventos como etapas significativas de um processo virtuoso mais amplo.

Centros juvenis

143. Espaços específicos dedicados pela comunidade cristã aos jovens, como os oratórios, os centros juvenis e outras estruturas semelhantes, manifestam a paixão educativa da Igreja. São organizados de muitas formas, e são cada vez mais raros, mas permanecem âmbitos privilegiados onde a Igreja se faz lar acolhedor para adolescentes e jovens, que podem descobrir os seus talentos e colocá-los à disposição mediante o serviço. Transmitem um patrimônio educacional muito rico, que se deve compartilhar em larga escala para benefício das famílias e da própria sociedade civil.

Contudo, no dinamismo de uma Igreja em saída, é necessário pensar em uma renovação criativa e flexível destas realidades, passando da ideia de centros estáticos, aonde podem ir os jovens, à ideia de sujeitos pastorais que se deslocam *com* e *em direção* aos jovens, ou seja, capazes de os encontrar nos lugares de vida – a escola e o ambiente digital, as periferias existenciais, o mundo rural e o mundo do trabalho, a expressão musical e artística etc. –, gerando um novo tipo de apostolado, mais dinâmico e ativo.

Capítulo III

UM RENOVADO IMPULSO MISSIONÁRIO

Alguns desafios urgentes

144. A sinodalidade é o método com que a Igreja pode enfrentar desafios antigos e novos, porque pode reunir e fazer dialogar os dons de todos os seus membros, a começar pelos jovens. Graças aos trabalhos do Sínodo, na Parte I deste *Documento* delineamos algumas áreas onde é urgente criar ou renovar o impulso da Igreja no cumprimento da missão que Cristo lhe confiou; áreas que aqui procuramos abordar de maneira mais concreta.

A missão no ambiente digital

145. O ambiente digital constitui, para a Igreja, um desafio em vários níveis, sendo imprescindível aprofundar o conhecimento das suas dinâmicas e o seu alcance dos pontos de vista antropológico e ético. O ambiente em questão requer não só que o frequentemos e promovamos as suas potencialidades de comunicação em vista do anúncio cristão, mas também que impregnemos de Evangelho as suas culturas e dinâmicas. Já estão em curso algumas experiências neste sentido e devem ser encorajadas, aprofundadas e compartilhadas. A prioridade que muitos atribuem à imagem como veículo de comunicação não poderá deixar de questionar as modalidades de transmissão de uma fé que se baseia na escuta da Palavra de Deus e na leitura da Sagrada Escritura. Os jovens cristãos, nativos digitais como os seus coetâneos, têm aqui uma verdadeira missão, na qual alguns já estão empenhados. Aliás, são os próprios jovens que pedem para ser acompanhados no discernimento sobre os estilos de vida amadurecidos, em um ambiente hoje altamente digitalizado, que lhes permita aproveitar as oportunidades, evitando os riscos.

146. O Sínodo espera que se instituam na Igreja, nos âmbitos adequados, apropriados departamentos ou organismos para a cultura e a evangelização digital, que promovam, com a contribuição imprescindível de jovens, a ação e a reflexão eclesial neste ambiente. Entre outras funções, deveriam favorecer o intercâmbio e a difusão de boas práticas em âmbito pessoal e comunitário e desenvolver adequadas ferramentas de educação digital e evangelização; mas poderiam também gerir sistemas de certificação dos *sites* católicos, para combater a propagação de *fake news* sobre a Igreja, ou procurar maneiras de persuadir as autoridades públicas a promover políticas e instrumentos cada vez mais rigorosos para a proteção dos menores na *web*.

Migrantes: derrubar muros e construir pontes

147. Muitos dos migrantes são jovens. A presença universal da Igreja consente-lhes de fazer dialogar as comunidades de onde partem com as outras aonde chegam, contribuindo para superar temores e desconfianças e fortalecer os vínculos que as migrações se arriscam a quebrar. "Acolher, proteger, promover e integrar" (os quatro verbos em que o Papa Francisco sintetiza as linhas de ação a favor dos migrantes) são verbos sinodais.

Implementá-los requer a ação da Igreja em todos os níveis e envolve todos os membros das comunidades cristãs. Por sua vez os migrantes, devidamente acompanhados, poderão oferecer recursos espirituais, pastorais e missionários às comunidades que os acolherem. De particular importância se reveste o empenho cultural e político (conseguido mesmo através de estruturas apropriadas) de luta contra a difusão da xenofobia, do racismo e da rejeição aos migrantes. Os recursos da Igreja Católica constituem um elemento vital na luta contra o tráfico de seres humanos, como sobressai claramente na atividade de muitas religiosas. O papel do *Grupo Santa Marta*, que une os responsáveis religiosos e as forças policiais, é crucial e constitui um bom exemplo em que inspirar-se. Não se deve esquecer o esforço por garantir quer o direito efetivo de permanecer no próprio país às pessoas que não querem emigrar, mas são forçadas a fazê-lo, quer o apoio às comunidades cristãs que as migrações ameaçam esvaziar.

As mulheres na Igreja sinodal

148. Uma Igreja, que procura viver um estilo sinodal, não poderá deixar de refletir sobre a condição e o papel das mulheres dentro dela e, consequentemente, também no seio da sociedade. Reclamam-no com grande insistência os jovens e as jovens. As reflexões desenvolvidas precisam ser implementadas através de um trabalho de corajosa conversão cultural e de mudança na prática pastoral cotidiana. A tal propósito, um âmbito de particular importância é o da presença feminina nos órgãos eclesiais em todos os níveis, incluindo funções de responsabilidade, e da participação das mulheres nos processos decisórios eclesiais, no que se refere ao papel do ministério ordenado. Trata-se de um dever de justiça, que encontra inspiração tanto no modo como Jesus se relacionou com homens e mulheres do seu tempo, como na importância do papel de algumas figuras femininas na Bíblia, na história da salvação e na vida da Igreja.

Sexualidade: uma palavra clara, livre e autêntica

149. No atual contexto cultural, a Igreja tem dificuldade de transmitir a beleza da visão cristã da corporeidade e da sexualidade, tal como aparece na Sagrada Escritura, na Tradição e no Magistério dos últimos Papas. Por isso, é urgente uma busca de modalidades mais adequadas, que se traduzam concretamente na elaboração de renovados caminhos de formação. É necessário propor aos jovens uma antropologia da afetividade e da sexualidade, capaz de dar também o justo valor à castidade, mostrando com sabedoria pedagógica o seu significado mais autêntico para o crescimento da pessoa, em todos os estados de vida. Trata-se de apostar em uma escuta empática, no acompanhamento e no discernimento, atendo-se à linha indicada pelo Magistério recente. Para isso, é preciso cuidar para que a formação de agentes pastorais seja credível, a começar pelo amadurecimento das próprias dimensões afetiva e sexual.

150. Existem questões relativas ao corpo, à afetividade e à sexualidade que precisam de uma elaboração antropológica, teológica e pastoral mais profunda, que se há de realizar nas modalidades e níveis mais convenientes desde o âmbito local ao universal. Dentre tais questões, sobressaem particularmente as relativas à diferença e harmonia entre identidade masculina e feminina e às inclinações sexuais. A propósito, o Sínodo reitera que Deus ama todas as pessoas e assim faz a Igreja, renovando o seu compromisso contra toda discriminação e violência com base no sexo. De igual modo, reafirma o significado antropológico determinante da diferença e reciprocidade entre o homem e a mulher e considera redutivo definir a identidade das pessoas unicamente a partir da sua "orientação sexual" (CONGREGAÇÃO PARA A DOUTRINA DA FÉ, *Carta aos Bispos da Igreja Católica sobre o cuidado pastoral das pessoas homossexuais*, 1/10/1986, n. 16).

Em muitas comunidades cristãs, já existem percursos de acompanhamento na fé de pessoas homossexuais: o Sínodo recomenda que se encorajem tais percursos. Ao longo destes percursos, as pessoas são ajudadas a ler a sua história, aderir livre e responsavelmente ao seu chamado batismal, reconhecer o desejo de pertencer e contribuir para a vida da comunidade, discernir as melhores formas para o concretizar. Deste modo, ajudam-se todos os jovens, sem exceção, a integrar cada vez mais a dimensão sexual na própria personalidade, crescendo na qualidade das relações e caminhando para o dom de si.

Economia, política, trabalho, casa comum

151. A Igreja está empenhada na promoção de uma vida social, econômica e política em nome da justiça, da solidariedade e da paz, como os jovens pedem insistentemente. Isto exige a coragem de dar voz a quem não tem voz junto dos líderes mundiais, denunciando corrupção, guerras, comércio de armas, tráfico de drogas e exploração selvagem dos recursos naturais, e convidando à conversão quantos são responsáveis por tudo isto. Em uma perspectiva integral, isto não pode ser separado do compromisso pela inclusão dos mais frágeis, construindo percursos que lhes permitam não só encontrar resposta às suas necessidades, mas também contribuir para a construção da sociedade.

152. Ciente de que "o trabalho constitui uma dimensão fundamental da existência do homem sobre a terra" (São João Paulo II, *Laborem exercens*, n. 4) e que a sua falta é humilhante para inúmeros jovens, o Sínodo recomenda às Igrejas locais que favoreçam e acompanhem a inserção dos jovens neste mundo, inclusive através do apoio a iniciativas do empreendedorismo jovem. Já se encontram experiências neste sentido em muitas Igrejas locais e devem ser apoiadas e fortalecidas.

153. A promoção da justiça interpela também a gestão dos bens da Igreja. Em uma Igreja onde a economia e as finanças são vividas com transparência e de forma coerente, os jovens sentem-se em casa. São necessárias decisões corajosas na perspectiva da sustentabilidade, como indica a Encíclica *Laudato si'*, pois a falta de respeito pelo meio ambiente gera novas formas de pobreza, cujas primeiras vítimas são os jovens. Os sistemas mudam, inclusive mostrando que é possível uma maneira diferente de viver a dimensão da economia e das finanças. Os jovens desafiam a Igreja a ser profética neste campo, com as palavras mas, sobretudo, através de escolhas que mostrem a possibilidade de uma economia amiga da pessoa e do meio ambiente. Juntamente com eles, conseguiremos fazê-lo.

154. Relativamente às questões ecológicas, é importante oferecer diretrizes para a implementação concreta da *Laudato si'* nas práticas eclesiais. Numerosas intervenções ressaltaram a importância de oferecer aos jovens uma formação a respeito do compromisso sociopolítico e o recurso que a doutrina social da Igreja representa a este propósito. Os jovens envolvidos na política devem ser apoiados e encorajados a trabalhar por uma mudança real das estruturas sociais injustas.

Em contextos interculturais e inter-religiosos

155. O pluralismo cultural e religioso é uma realidade em crescimento na vida social dos jovens. Um belo testemunho do Evangelho é dado pelos jovens cristãos quando vivem a sua fé de maneira a transformar a sua vida e as suas ações diárias. São chamados a abrir-se aos jovens de outras tradições religiosas e espirituais, mantendo com eles relações autênticas que favoreçam o conhecimento recíproco e curem de preconceitos e estereótipos. Assim, são os pioneiros de uma nova forma de diálogo inter-religioso e intercultural, que contribui para libertar as nossas sociedades da exclusão, do extremismo, do fundamentalismo e também da manipulação da religião para fins sectários ou populistas. Testemunhas do Evangelho, estes jovens tornam-se promotores, com os seus coetâneos, de uma cidadania inclusiva da diversidade e de um compromisso religioso socialmente responsável e construtivo da aliança social e da paz.

Nos últimos tempos, precisamente por proposta dos jovens, foram criadas iniciativas para oferecer a oportunidade de experimentar a convivência entre membros de religiões e culturas diferentes, para que todos, em um clima de convívio e respeito pelas respectivas crenças, sejam atores de um compromisso comum e compartilhado na sociedade.

Jovens em prol do diálogo ecumênico

156. No que se refere ao caminho de reconciliação entre todos os cristãos, o Sínodo é grato pelo desejo de muitos jovens fazerem crescer a unidade entre as comunidades cristãs separadas. Comprometendo-se nesta linha, muitas vezes os jovens aprofundam as raízes da sua própria fé e sentem uma abertura real a tudo aquilo que os outros possam dar. Intuem que Cristo já nos une, não obstante subsistam algumas divergências. Como disse o Papa Francisco em 2014, por ocasião da sua visita ao Patriarca Bartolomeu, são os jovens "que hoje nos pedem para avançar rumo à plena comunhão. E isto, não porque eles ignorem o significado das diferenças que ainda nos separam, mas porque sabem ver mais além, são capazes de captar o essencial que já nos une" (FRANCISCO, *Discurso no termo da Divina Liturgia*, Igreja Patriarcal de São Jorge em Istambul, 30/11/2014).

Capítulo IV

FORMAÇÃO INTEGRAL

Concretude, complexidade e integralidade

157. A conjuntura atual caracteriza-se por uma crescente complexidade das problemáticas sociais e da experiência individual. Na concretude da vida, as mudanças em curso influenciam-se reciprocamente, não podendo ser enfrentadas com um olhar seletivo. No mundo real, tudo está conectado: a vida familiar e o compromisso profissional, a utilização das tecnologias e o modo de sentir a comunidade, a defesa do embrião e a do migrante. A realidade concreta fala-nos de uma visão antropológica da pessoa como totalidade e de uma maneira de conhecer que não separa mas capta as relações, aprende da experiência relendo-a à luz da Palavra, deixa-se inspirar mais por testemunhos exemplares do que por modelos abstratos. Isto exige uma nova abordagem da formação, que aponte para a integração das perspectivas, torne capaz de compreender o entrelaçamento dos problemas e saiba unificar as várias dimensões da pessoa. Esta abordagem está em profunda sintonia com a visão cristã que contempla, na encarnação do Filho de Deus, a união inseparável do divino e do humano, da terra e do céu.

Educação, escola e universidade

158. Durante o Sínodo houve particular insistência na tarefa decisiva e insubstituível da formação profissional, da escola e da universidade, também porque se trata dos lugares onde a maioria dos jovens passa a maior parte do seu tempo. Em algumas regiões do mundo, o ensino básico é a primeira e a mais importante solicitação que os jovens dirigem à Igreja. Por conseguinte, para a comunidade cristã, é importante ter uma presença significativa nestes ambientes com professores qualificados, capelanias profícuas e adequado compromisso cultural.

Merecem uma reflexão particular as instituições educacionais católicas, que exprimem a solicitude da Igreja pela formação integral dos jovens. Trata-se de espaços preciosos para o encontro do Evangelho com a cultura de um povo e para o desenvolvimento das pesquisas. Aquelas são chamadas a propor um modelo de formação que seja capaz de fazer dialogar a fé com as questões do mundo atual, com as várias perspectivas antropológicas, com os desafios da ciência e tecnologia, com as mudanças nos costumes sociais e com o compromisso pela justiça.

Nestes ambientes, reserve-se particular atenção à promoção da criatividade juvenil nos campos da ciência e da arte, da poesia e da literatura, da música e do esporte, dos meios digitais e das mídias etc. Deste modo, os jovens conseguirão descobrir os seus talentos, colocando-os sucessivamente à disposição da sociedade para o bem de todos.

Preparar novos formadores

159. A recente Constituição Apostólica *Veritatis gaudium*, sobre as universidades e as faculdades eclesiásticas, propôs alguns critérios fundamentais para um projeto de formação que esteja à altura dos desafios da atualidade: a contemplação espiritual, intelectual e existencial do querigma, o diálogo abrangente, a transdisciplinariedade exercida com sabedoria e criatividade, e a necessidade urgente de "criar rede" (*Veritatis gaudium*, n. 4, d). Tais princípios podem inspirar todos os âmbitos da educação e da formação; a sua adoção beneficiará antes de tudo a formação dos novos educadores, ajudando-os a abrir-se a uma visão sapiencial capaz de integrar experiência e verdade. Em âmbito mundial, desempenham uma tarefa fundamental as Universidades Pontifícias e, em âmbito continental e nacional, as Universidades Católicas e os centros de estudo. A avaliação periódica, a qualificação exigente e a renovação constante destas instituições constituem um grande investimento estratégico em benefício dos jovens e da Igreja inteira.

Formar discípulos missionários

160. O caminho sinodal insistiu no desejo crescente de dar espaço e corpo ao protagonismo juvenil. É evidente que o apostolado dos jovens junto dos outros jovens não pode ser improvisado, mas deve ser fruto de um caminho de formação sério e apropriado: como acompanhar este processo? Como oferecer melhores instrumentos aos jovens, para que sejam testemunhas autênticas do Evangelho? Estas perguntas coincidem também com o desejo que muitos jovens têm de conhecer melhor a própria fé: descobrir as suas raízes bíblicas, compreender o desenvolvimento histórico da doutrina, o significado dos dogmas e a riqueza da liturgia. Isto permite aos jovens refletirem sobre as questões atuais em que a fé é posta à prova, para saberem dar razão da esperança que há neles (1Pd 3,15).

Por isso, o Sínodo propõe a valorização das experiências missionárias dos jovens, através da criação de centros de formação para a evangelização destinados aos jovens e aos casais jovens, mediante uma experiência integral que se concluirá com o envio em missão. Já existem iniciativas deste tipo em vários lugares, mas pede-se a cada Conferência Episcopal que estude a sua viabilidade no respectivo contexto.

Um tempo de acompanhamento ao discernimento

161. No auditório sinodal, muitas vezes ressoou o apelo veemente a investir entusiasmo educativo, tempo e também recursos financeiros para os jovens. Reunindo várias contribuições e desejos que sobressaíram durante o debate sinodal, juntamente com a escuta de experiências bem-sucedidas já em curso, o Sínodo propõe convictamente a todas as Igrejas particulares, congregações religiosas, movimentos, associações e outras entidades eclesiais, que proporcionem aos jovens uma experiência de acompanhamento tendo em vista o discernimento. Tal experiência, cuja duração deve ser fixada de acordo com os contextos e oportunidades, pode-se designar como *um tempo destinado ao amadurecimento da vida cristã adulta*. Deve-se prever um afastamento prolongado dos ambientes e das relações habituais, e ser construída pelo menos em torno de três eixos indispensáveis: uma experiência de vida fraterna partilhada com educadores adultos que seja essencial, sóbria e respeitosa da "casa comum"; uma proposta apostólica sólida e significativa que deve ser vivida em conjunto; uma oferta de espiritualidade radicada na oração e na vida sacramental. Assim, teremos todos os ingredientes necessários para que a Igreja possa oferecer, aos jovens que o desejarem, uma profunda experiência de discernimento vocacional.

Acompanhamento ao Matrimônio

162. É necessário reiterar a importância de acompanhar os noivos ao longo do caminho de preparação para o Matrimônio, levando em consideração que existem várias formas legítimas de organizar tais itinerários. Como afirma o número 207 da *Amoris laetitia*, "não se trata de lhes ministrar o Catecismo inteiro, nem de os saturar com demasiados temas [...]. Trata-se de uma espécie de 'iniciação' ao sacramento do Matrimônio, que lhes forneça os elementos necessários para poderem recebê-lo com as melhores disposições e iniciar com certa solidez a vida familiar". É importante continuar o acompanhamento das jovens famílias, sobretudo nos primeiros anos de casamento, ajudando-as também a tornar-se parte ativa da comunidade cristã.

A formação de seminaristas e consagrados

163. A tarefa específica da formação integral dos candidatos ao ministério ordenado e à vida consagrada masculina e feminina continua a ser um importante desafio para a Igreja. Destaca-se também a importância de uma formação cultural e teológica sólida para consagradas e consagrados. No que diz respeito aos seminários, o primeiro dever é, obviamente, a adoção e tradução funcional da nova *Ratio fundamentalis institutionis sacerdotalis*. Durante o Sínodo, surgiram alguns destaques importantes, que convém mencionar.

Em primeiro lugar, a escolha dos formadores: não é suficiente que estejam culturalmente preparados, mas devem ser capazes de manter relações fraternas, de uma escuta empática e de profunda liberdade interior. Em segundo lugar, para um acompanhamento adequado, será necessário um trabalho sério e competente em equipes formativas diferenciadas, que incluam figuras femininas. A constituição destas equipes formativas, em que interagem diferentes vocações, é uma pequena mas preciosa forma de sinodalidade, que influencia a mentalidade dos jovens na sua formação inicial. Em terceiro lugar, a formação deve procurar desenvolver, nos futuros pastores e pessoas consagradas, a capacidade de exercer o seu papel de liderança com autoridade mas não de modo autoritário, educando os jovens candidatos para se doarem em prol da comunidade. Há que prestar uma atenção particular a determinados critérios de formação, tais como a superação de tendências para o clericalismo, a capacidade de trabalhar em equipe, a sensibilidade pelos pobres, a transparência de vida, a disponibilidade a deixar-se acompanhar. Em quarto lugar, é decisiva a seriedade do discernimento inicial, porque demasiadas vezes os jovens, que se apresentam nos seminários ou nas casas de formação, são acolhidos sem um conhecimento adequado nem uma releitura aprofundada da sua história. A questão torna-se particularmente delicada no caso de "seminaristas errantes": a instabilidade relacional e afetiva e a falta de enraizamento eclesial são sinais perigosos. Negligenciar a legislação eclesial a tal propósito constitui um comportamento irresponsável, que pode ter consequências muito sérias para a comunidade cristã. Um quinto ponto refere-se à consistência numérica das comunidades de formação: naquelas que são demasiado grandes, existe o perigo da despersonalização do percurso e de um conhecimento inadequado dos jovens em caminhada, enquanto aquelas que são demasiado pequenas correm o risco de ser sufocantes e estar sujeitas a lógicas de dependência; nestes casos, a melhor solução é criar seminários interdiocesanos ou casas de formação compartilhadas entre várias províncias religiosas, com propostas de formação claros e responsabilidades bem definidas.

164. Para favorecer a renovação, o Sínodo formula três propostas.

A primeira diz respeito à formação conjunta de leigos, pessoas consagradas e sacerdotes. É importante manter os jovens e as jovens em formação em contato permanente com a vida cotidiana das famílias e das comunidades, prestando uma atenção particular à presença de figuras femininas e de casais cristãos, para que a formação se radique na realidade da vida e se distinga por um traço relacional capaz de interagir com o contexto social e cultural.

A segunda proposta implica a inserção, no currículo preparatório do ministério ordenado e da vida consagrada, de uma preparação específica sobre a pastoral dos jovens, através de cursos de formação especializados e experiências vividas de apostolado e evangelização.

A terceira proposta pede que, no âmbito de um discernimento autêntico das pessoas e situações, segundo a perspectiva e o espírito da *Ratio fundamentalis institutionis sacerdotalis*, se avalie a possibilidade de verificar o caminho de formação em sentido experiencial e comunitário. Isto será útil especialmente na última etapa do percurso, que prevê uma gradual inserção na responsabilidade pastoral. As fórmulas e modalidades poderão ser indicadas pelas Conferências Episcopais de cada país, através da respectiva *Ratio nationalis*.

CONCLUSÃO

Chamados a ser santos

165. Todas as diferentes vocações coincidem no único e universal chamado à santidade, que, basicamente, nada mais pode ser senão o cumprimento daquele apelo à alegria do amor que ressoa no coração de todos os jovens. Efetivamente, só a partir da única vocação à santidade é que se podem articular as diferentes formas de vida, sabendo que Deus "nos quer santos e espera que não nos resignemos com uma vida medíocre, superficial e indecisa" (FRANCISCO, *Gaudete et exsultate*, n. 1). A santidade tem a sua fonte inesgotável no Pai, que, através do seu Espírito, envia Jesus – "o Santo de Deus" (Mc 1,24) – entre nós para nos tornar santos através da amizade com ele, que traz alegria e paz à nossa vida. Recuperar, em toda a pastoral comum da Igreja, o contato vivo com a existência feliz de Jesus é a condição fundamental para todo e qualquer renovação.

Despertar o mundo com a santidade

166. Devemos ser santos, para poder convidar os jovens a sê-lo. Os jovens pediram, em voz alta, uma Igreja autêntica, luminosa, transparente e alegre: só uma Igreja de santos pode estar à altura de tais pedidos!

Muitos jovens deixaram-na, porque nela não encontraram santidade, mas mediocridade, presunção, divisão e corrupção. Infelizmente, o mundo está mais indignado com os abusos de determinadas pessoas da Igreja do que estimulado pela santidade dos seus membros: por isso, a Igreja no seu conjunto deve realizar uma decidida, imediata e radical mudança de perspectiva. Os jovens têm necessidade de santos que formem outros santos, mostrando, assim, que "a santidade é o rosto mais belo da Igreja" (FRANCISCO, *Gaudete et exsultate*, n. 9). Há uma linguagem que todos os homens e mulheres de todos os tempos, lugares e culturas podem compreender, porque é imediata e luminosa: é a linguagem da santidade.

Conquistados pela santidade dos jovens

167. Desde o início do percurso sinodal, ficou claro que os jovens são parte integrante da Igreja. Assim também a sua santidade, que, nas últimas décadas, produziu um florescimento multifacetado em todas as partes do mundo: foi comovente, para nós, contemplar e meditar durante o Sínodo a coragem de tantos jovens que renunciaram à própria vida para permanecer fiéis ao Evangelho; foi revigorante ouvir os testemunhos dos jovens presentes no Sínodo que, no meio de perseguições, escolheram por partilhar a paixão do Senhor Jesus. Através da santidade dos jovens, a Igreja pode renovar o seu ardor espiritual e o seu vigor apostólico. O bálsamo da santidade gerado pela vida virtuosa de muitos jovens pode curar as feridas da Igreja e do mundo, levando-nos àquela plenitude do amor para a qual, desde sempre, estamos chamados: os jovens santos impelem-nos a voltar ao nosso primeiro amor (Ap 2,4).

Impresso na gráfica da
Pia Sociedade Filhas de São Paulo
Via Raposo Tavares, km 19,145
05577-300 - São Paulo, SP - Brasil - 2019